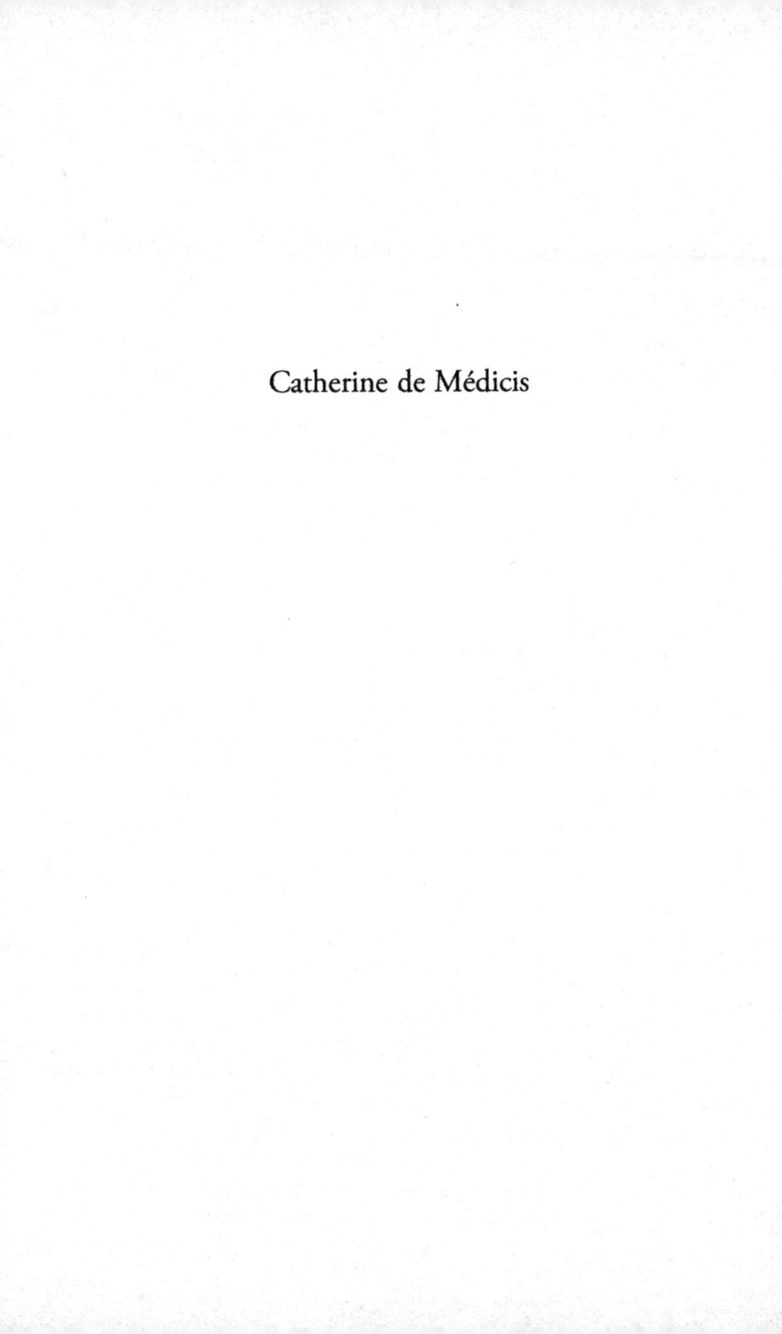

Catherine de Médicis

Céline Borello

Catherine de Médicis

puf

Ouvrage publié à l'initiative d'Olivier Coquard

ISBN 978-2-13-081889-2

Dépôt légal — 1re édition : 2021, janvier
3e tirage : 2023, janvier

170 bis, boulevard du Montparnasse, 75014 Paris

Généalogie
de Catherine de Médicis

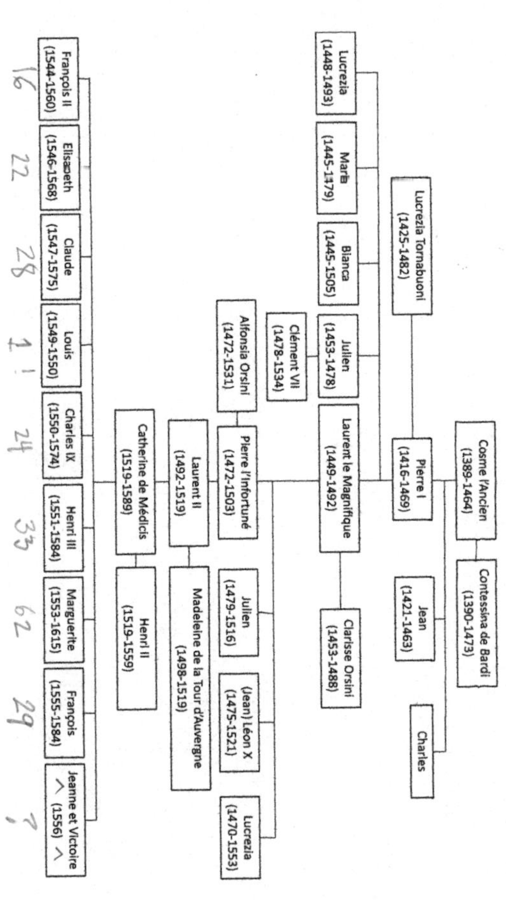

INTRODUCTION

Née en 1519, veuve en 1559, Catherine de Médicis est demeurée liée à tous les événements de l'histoire du royaume de France, jusqu'à sa mort en 1589. Rares sont les femmes qui ont eu autant de pouvoir qu'elle dans la France d'Ancien Régime, terre où les destins féminins demeurent souvent ceux d'éternelles mineures passant de la tutelle de leur père à celle de leur époux, une fois mariées.

Bien entendu, Catherine de Médicis appartient à ce qu'il est commun d'appeler l'élite de la société européenne et, de fait, elle ne connaît pas le sort souvent difficile réservé aux femmes de basse extraction. Tout d'abord car, même si elle n'est pas issue de la haute aristocratie du temps, elle est tout de même descendante d'une des plus riches familles italiennes dont la puissance a été forgée par le négoce et la banque. En outre, grâce à son mariage en 1533 avec Henri de France, second fils de François Ier, elle entre dans la maison des Valois, une branche cadette de la dynastie capétienne qui règne sur le royaume de France depuis 1328. Enfin, son destin devient remarquable pour le temps car Catherine de Médicis est au-devant de la scène politique de son pays d'adoption dans une période de l'histoire de France particulièrement mouvementée : celle des « guerres de Religion », que les contemporains nomment alors « les troubles » et qui sont en fait une succession de guerres civiles entre Français de deux confessions chrétiennes, catholiques et protestants, se vouant une haine farouche et créant partout un climat d'intolérance mâtiné de violence réciproque.

La vie de Catherine de Médicis a de fait alimenté nombre de rumeurs, imaginaires et funestes, de fantasmes parfois impitoyables, créant une véritable « légende noire » autour de ce personnage, sombres récits dont beaucoup se sont déployés de son vivant comme après sa mort. Elle cumule, il est vrai, des attributs qui sont alors souvent des tares pour exercer autant de pouvoir qu'elle en aura : elle est étrangère, italienne, ce qui la place facilement du côté d'une potentielle trahison envers la France, un royaume dans lequel elle n'est pas née. Elle est également une femme dans un monde où la misogynie est habituellement de mise. Ce sexe est alors souvent affublé de tous les défauts et, en tant que Médicis, elle est d'autant plus une femme qui incarne la ruse : Machiavel n'a-t-il pas dédié à son père, Laurent II de Médicis, son célèbre ouvrage, *Le Prince*, traité politique dont certains conseils étaient très éloignés de la morale chrétienne ?

Son manque de scrupules supposé est rappelé sans cesse par de nombreux libelles, y compris durant son existence, faisant d'elle notamment une empoisonneuse. Femme de pouvoir détestée, « veuve noire », les romanciers ont contribué à la discréditer et les historiens, pendant longtemps, ne l'ont guère mieux présentée, à l'instar de Michelet, qui la nomme « l'immonde Jézabel » dans son *Histoire de France* qui paraît à partir de 1833 :

> À en croire la Vie de Catherine, compilée récemment sur les dépêches des ambassadeurs de Florence et les papiers des Médicis, la France adorait la reine mère ; si les documents français n'établissaient pas le contraire, le bon sens y suffirait. Sa réputation de mensonge, et l'impossibilité de traiter avec elle, sa fortune personnelle dans une telle pauvreté publique, son maquignonnage de femmes (elle en envoie une à la Noue pour la mettre dans son filet), tout l'avilissait, la rendait odieuse. Son fils Alençon haï d'elle, le lui rendait à merveille.

On dit qu'il avait voulu s'entendre avec Henri de Navarre pour l'étrangler de leurs mains.

Pendant plusieurs siècles, c'est donc de manière particulièrement négative que l'on représentait Caterina Maria Romola di Lorenzo de' Medici. Cependant, la recherche historique des dernières décennies a revisité l'histoire du XVIe siècle français et notamment l'histoire des femmes de la première modernité. Elle a approfondi la connaissance des guerres de Religion et elle apporte aujourd'hui un éclairage nouveau sur cette Florentine devenue femme de roi de France, régente, mère de monarques, conseillère, négociatrice, amatrice des savoirs et des arts de cette Renaissance qui l'a vue naître. Le personnage est complexe et le temps dans lequel elle a vécu ne l'est pas moins. Tentons d'en saisir les facettes les plus déterminantes à travers un parcours de vie pour comprendre la place remarquable qui a été la sienne dans un royaume de France en pleine crise.

Pour dépeindre cette personnalité riche, multiple, complexe et souvent décriée, nous verrons tout d'abord les premiers temps de son existence où, fille d'influent banquier italien et nièce de pontife, elle devient dauphine de France. C'est le temps des premiers apprentissages par l'observation, d'un contact constant également avec la Renaissance italienne puis avec celle de la cour de France. Ensuite, nous nous attacherons à comprendre la femme de pouvoir qu'elle a pu être, et comment, pendant près de quarante années, elle a été au cœur de l'action politique dans le royaume le plus peuplé et le plus vaste d'Europe qu'est la France. Nous essaierons de saisir également sa personnalité foisonnante d'un point de vue artistique et culturel, et comment elle a pu s'approprier des arts et des savoirs dans un temps de profond renouvellement des repères et des normes artistiques et scientifiques. Enfin, nous aurons l'occasion d'appréhender sa mort et sa postérité à travers les siècles pour mieux comprendre comment la « légende noire » qui entoure toute son existence s'est construite et comment les arts ont forgé cette image qu'elle-même a en partie élaborée en devenant une reine exclusivement vêtue de noir, une veuve inconsolable et une maîtresse femme.

I

UNE FILLE DE BANQUIER ITALIEN DEVIENT DAUPHINE DE FRANCE

Femme et mère de rois, Catherine de Médicis a commencé sa vie bien loin de la France et de sa cour dans une péninsule italienne morcelée entre États où les jeux de pouvoirs sont complexes. Très tôt, et même si Catherine est née dans une des plus riches familles de négociants florentins, elle fait face à des épreuves pour le moins marquantes : la perte de ses parents, sa prise d'otage par les républicains et un mariage arrangé avec le cadet de la famille des Valois. Autre pays, autres mœurs dans une cour de France vagabonde qui devient de plus en plus familière à la duchesse d'Orléans promue à dix-sept ans, dauphine de France. Rien pourtant ne laissait penser à une telle ascension.

ENFANCE MOUVEMENTÉE ET PREMIERS APPRENTISSAGES

Catherine voit le jour en 1519, dans la famille des Médicis, l'une des plus importantes dynasties patriciennes de la péninsule italienne, à Florence, l'un des berceaux de la Renaissance italienne depuis plusieurs décennies avec Rome, Padoue ou encore Naples. Ce mouvement culturel se caractérise par un retour aux sources antiques de la pensée européenne, dans une perspective nouvelle : il est centré sur l'homme, « lieu géométrique où convergent tous les humanismes » suivant l'expression de Janine Garrisson. La Renaissance, ouverte au monde, est pétrie de l'espoir dans un progrès individuel et collectif, fondé sur le sentiment de vivre un moment nouveau, d'où le terme italien de *rinascita* employé par l'architecte et peintre Giorgio Vasari (1511-1574) pour signifier une forme de résurrection artistique. Universalisme, optimisme et élitisme sont les maîtres mots de ce mouvement qui s'exprime précocement dans la péninsule italienne et particulièrement à Florence.

Durant plus de deux siècles, entre le début du XIVe siècle et le début du XVIe siècle, la ville connaît un essor artistique exceptionnel, soutenu tout à la fois par un commerce florissant, d'importants ordres religieux et un riche mécénat privé. La famille des Médicis participe activement à l'essor que connaît la cité. Dynastie de banquiers prospères depuis la création de la banque par Giovanni de Medici (1360-1429) en 1397, c'est par leur grande assise économique – leurs filiales font d'eux la plus puissante banque d'Europe – que les Médicis prennent les rênes de la ville avec l'aide du peuple à partir de Côme l'Ancien (1389-1464) et des années 1430.

Dans ces portraits de famille, Laurent de Médicis, dit le Magnifique, est sans doute le plus connu aujourd'hui encore. Né en 1449, il est le grand mécène de cette cité florentine toute-puissante dont il devient le maître à partir de 1469, concentrant progressivement tous les pouvoirs citadins et incarnant à lui seul différents aspects de la première Renaissance italienne. Il meurt prématurément, en 1492, et son fils aîné, Pierre, dit « l'Infortuné » ou le « Malchanceux », n'a pas son sens politique et demeure incapable de gérer la situation internationale. Les Médicis sont chassés de Florence en 1494 et le tournant entre le XVe et le XVIe siècle est particulièrement tourmenté pour la ville, alors sous l'influence du fameux dominicain

Jérôme Savonarole (1452-1498) qui y établit pour quatre années sa « République ». Mais les Médicis reviennent rapidement au premier plan grâce à l'aide de Léon X (1475-1521), nouveau pontife depuis 1513, qui n'est autre que le second fils de Laurent le Magnifique. Florence est ainsi une affaire de famille et pour ce Médicis, il est impossible d'y renoncer. Car telle est la force de cette famille que de compter, en son sein, non seulement de puissants banquiers, de riches mécènes ou d'influents politiques mais aussi des papes, dont certains seront les protecteurs de la jeune Catherine comme plus tard Clément VII (1478-1534), Jules de Médicis, fils naturel de Julien, frère de Laurent.

Catherine de Médicis est une femme de cette puissante lignée, née en pleine Renaissance italienne. Elle porte ces deux caractéristiques profondément ancrées en elle. Où se situe-t-elle dans cette dynastie d'hommes ? Elle est la fille de Laurent II de Médicis (1492-1519), lui-même petit-fils de Laurent le Magnifique et fils unique de Pierre qui avait été chassé de Florence par Savonarole. Lorsque Catherine naît, la situation est plus favorable aux Médicis : depuis 1513, Laurent II est de retour au gouvernement de la ville et il est fait duc d'Urbino en 1516 grâce au soutien de son oncle,

Léon X, qui organise pour son neveu un mariage diplomatiquement favorable à Rome et à la France. En effet, Laurent II doit s'unir à une Française, avec l'aval de François Ier, roi de France depuis 1515. Ce type d'union arrangée est classique chez les puissants de l'époque qui convolent en justes noces pour matérialiser un compromis de paix ou un rapprochement habile entre royaumes, principautés ou familles importantes. Ici, il s'agit pour François Ier de se rapprocher de la Papauté contre le Saint-Empire romain germanique.

En mai 1518, Laurent II de Médicis épouse ainsi Madeleine de la Tour d'Auvergne, née en 1498. Elle est issue de l'une des riches et prestigieuses familles françaises, descendante par sa mère de Saint-Louis. Le mariage est organisé à Amboise en grande pompe, comme il se doit eu égard à la symbolique politique de cette union qui ne donne qu'une seule enfant l'année suivante, Catherine. Le couple ne dure en effet pas longtemps car, comme l'a écrit ironiquement Michelet, Catherine de Médicis n'est pas seulement la fille de Laurent II et de Madeleine de la Tour d'Auvergne, elle est aussi, « fille d'un père tellement gâté par la grande maladie du siècle que la mère la gagna et mourut en même temps que lui, au bout d'un an de mariage ». Cette nouvelle « grande maladie » est la syphilis qui fait de plus en plus de ravages en Europe à partir de la fin du XVe siècle. Les époux disparaissent ainsi subitement, laissant une enfant unique de trois semaines : Madeleine meurt le 28 avril, d'une fièvre à la suite de l'accouchement, et Laurent disparaît, le 4 mai, de ce mal vénérien nommé aussi « grosse vérole ». Dès le début de son existence, la mort rôde autour de Catherine et cela se poursuivra tout au long de sa vie, participant à forger une image funeste de cette femme. Orpheline et unique héritière légitime des Médicis, on mesure la proie qu'elle peut être alors pour des princes et des rois en mal d'alliance.

C'est d'abord sa grand-mère paternelle, Alfonsina Orsini (1472-1520), qui s'occupe d'elle et la surnomme la petite duchesse, la *duchessina*. Mais la mort frappe de nouveau avec le décès d'Alfonsina en février 1520. François Ier tente de réclamer la tutelle de cette enfant, après tout à moitié française mais Catherine est placée à Rome, sous la garde de ses tantes Médicis, Maria Salviati (1499-1543) et Clarice Strozzi (1489-1528), en compagnie de ses cousins, Alexandre et Hippolyte. Trois ans plus tard, elle retourne à Florence. Depuis la mort de son père, la ville a d'abord été administrée par Jules de Médicis (le futur Clément VII) qui était alors cardinal et archevêque de la cité. Lorsqu'il devient pape, en 1523, il confie Florence à ses vicaires, à ses subordonnés. Les Médicis sont donc toujours maîtres de la ville, et Catherine, lorsqu'elle y retourne, est là-bas chez elle tout en bénéficiant, de loin, de la protection de son grand-oncle, Clément VII. Mais Florence va être touchée, de fait et par ricochet, par la guerre à laquelle se livrent à ce moment-là le pape et Charles Quint. Les papes de la Renaissance sont alors des princes à part entière et ils œuvrent dans le domaine diplomatique tout aussi fortement que les rois et les empereurs. Le concile de Trente, qui intensifiera leur pouvoir d'un point de vue théologique et qui moralisera surtout leur mode de vie, ne se déroulera qu'entre 1545 et 1563. Clément VII est alors le chef d'un État, le Vatican, qui joue un rôle parfois déterminant dans une péninsule italienne qui n'est pas unifiée. Sur l'échiquier politique de cette chrétienté occidentale, la rivalité entre Habsbourg et Valois fragilise la paix. Les guerres d'Italie, longue suite de conflits pour la suprématie en Europe, en sont la matérialisation la plus évidente.

Clément VII est donc inquiet de la puissance grandissante de Charles de Habsbourg, Charles Quint (1500-1558), élu depuis 1519 empereur du Saint-Empire romain germanique. Cela se comprend car il est également roi des Espagnes, de Naples et de Sicile. Pour tenter de contrecarrer cette puissance montante, le pape organise en 1526 la Ligue de Cognac, une alliance entre la France, Rome, Venise, l'Angleterre, le duché de Milan et Florence. En représailles, l'empereur lance une campagne militaire qui se solde par le sac de Rome, le 6 mai 1527. Cette opération de plus de deux mois fait plus de 20 000 victimes. Au-delà du nombre de morts, le symbole de cette dévastation – s'attaquer à la capitale de la catholicité, la « capitale du monde » d'après Montaigne – est si fort que cet événement connaît un très grand écho dans toute la Chrétienté et choque considérablement les esprits. Les princes d'Europe réagissent à l'instar de François Ier, allié du pape qualifiant d'« exécrables inhumanités » les faits commis. Clément VII réfugié un temps dans le Château Saint-Ange est fait prisonnier puis est exfiltré de la ville en décembre. Il ne reviendra qu'en octobre 1528.

Le sac de Rome par les armées impériales a des effets collatéraux à Florence où une révolte latente contre le gouvernement des Médicis se déclare. Les citadins ne se sentent pas écoutés par le subordonné de Clément VII, Silvio Passerini, cardinal de son état et ils supportent de plus en plus difficilement la dépendance à Rome. Des factions de républicains se mettent donc en œuvre dans la cité, notamment le clan opposé aux Médicis, les Ottimati, mené par Nicolas Capponi, qui s'empare du pouvoir, rétablit la République et chasse Passerini de la ville. Après celui-ci, s'enfuient également les deux jeunes Médicis, Alexandre et Hippolyte, cousins de Catherine. Le palais familial est alors la proie de la violence des insurgés. Catherine, quant à elle, demeure absente de Florence et se trouve dans la villa familiale de Poggio a Caiano au sud-est de Prato. Elle semble, un temps en tout cas, épargnée par le tumulte. Le répit est toutefois court car le 11 mai 1527, elle incarne aux yeux des républicains une monnaie d'échange avec le pape. Les deux jeunes Médicis étant partis, il s'agit alors de retenir sa petite-nièce, âgée de huit ans, pour faire pression sur Clément VII. Catherine est ramenée à Florence par Bernardo di Jacopo Rinaccini et enfermée au couvent des Dominicaines de Santa Lucia, via San Gallo. Elle devient alors une sorte d'otage au cœur de tensions diplomatiques intenses. En outre, elle est soumise au même danger que le reste de la population florentine lorsque la peste, décrite dans les derniers textes de Machiavel, se déclare dans la ville. La France s'émeut de savoir cette enfant, française par sa mère, ainsi en danger et son ambassadeur à Florence, Monsieur de Velly, demande qu'elle soit éloignée par mesure sanitaire des quartiers les plus touchés par l'épidémie. Le gouvernement républicain, la Seigneurie, accepte et, à partir de décembre 1527, Catherine de Médicis est accueillie dans le couvent des *Murate*, une maison réputée de bénédictines située aux abords de la ville, qui accueille des jeunes filles de la bonne société florentine. Elle y restera jusqu'au 31 juillet 1530. Ce couvent qui respectait une clôture stricte – d'où son nom – avait bénéficié des largesses des Médicis, et il accueille sans difficulté la fille de Laurent II dont une abbesse, sœur Speranza de' Signorini, avait été l'une des marraines (on ne sait si elle était toujours en vie en 1527). Une cellule assez spacieuse lui est octroyée à son arrivée, celle-là même qui avait été construite au début du siècle pour la veuve d'un Médicis, Catherine Sforza Riario.

Dans ce couvent, Catherine de Médicis est fort bien traitée : elle a deux femmes à son service et, dans sa cellule, elle reçoit une éducation soignée – telle était la réputation de ce couvent d'ailleurs, pour toutes les jeunes filles accueillies. C'est la chronique de la sœur Giustina Niccoloni, écrite entre 1592 et 1605, qui offre un aperçu du séjour de cette Médicis dans les murs de la maison. Catherine y étudie la littérature française, la littérature italienne, les mathématiques, le grec, le latin. Elle reçoit également une éducation religieuse, assiste régulièrement aux offices, et son intelligence semble vive. Plus tard, alors que Catherine a treize ans, l'ambassadeur de Venise à la cour de Rome, Antonio Suriano, fera d'elle un portrait physique peu flatteur : « elle est petite de sa personne, maigre et d'un visage sans traits fins ; elle a de gros yeux, tout à fait ceux de la maison des Médicis ». Mais il dira aussi : « elle est d'un naturel très vivace, fait montre d'un esprit charmant, bien élevée, et a reçu son éducation par les soins des nonnes du couvent des *Murate* à Florence, femmes du reste de grand renom et de sainte vie. » Le long séjour cloîtré a été, de fait, important dans la formation intellectuelle de la *duchessina*.

Pendant son séjour dans ce couvent et comme souvent dans le jeu des alliances diplomatiques du temps, le pape et l'empereur se sont réconciliés. Dans ce basculement politique, le prince d'Orange, général de Charles Quint, devient le bras armé de Clément VII contre les républicains florentins. Commence alors le siège de Florence qui dure dix longs mois avec une

Médicis dans ses murs. La question de son sort est rapidement débattue par les différentes composantes de cette seconde République de Florence. Le parti populaire des *Arrabbiati*, les Enragés, au pouvoir depuis le printemps 1529 après avoir renversé Nicolas Capponi, jugé trop conciliant avec le pape, souhaite enfermer l'enfant « dans une maison de débauche plutôt que dans un cloître » afin de rendre impossible un quelconque mariage avec un prince qui servirait les desseins du pape. Certains envisagent de l'attacher aux remparts de la ville pour la livrer aux armes du prince d'Orange. Mais elle est une otage bien trop précieuse pour être exposée à de si grands dangers. Et en juillet 1530, on décide de l'enfermer finalement dans un autre couvent, plus favorable, dit-on, au parti populaire, celui de Sainte Lucie, via San Gallo, où elle a d'ailleurs été hébergée avant de partir pour le couvent des *Murate*.

Catherine de Médicis a onze ans et elle a déjà une expérience de l'adversité plutôt développée, au moment de ce violent siège de Florence. Certes, les troupes de l'autre côté de la muraille lui sont favorables mais elle est marquée par ce conflit, par la cruauté des affaires politiques, des dossiers militaires, et sans doute saisit-elle ici le jeu des alliances, leur renversement, le rôle de la dissimulation et l'importance des mots qui sont une arme de persuasion si déterminante en politique. Ceux qui ont écrit sur son expérience du siège de Florence relèvent souvent d'ailleurs la manière dont Catherine a tenu tête aux quatre représentants du gouvernement venus la chercher dans la soirée du 15 juillet 1530, dans le couvent des *Murate*. Ces hommes du gouvernement veulent l'emmener dans le couvent de Sainte Lucie et la supérieure ordonne de leur ouvrir la porte : même si les sœurs souhaitent garder auprès d'elles la jeune Catherine, elle doit être remise aux commissaires, c'est une décision difficilement contestable de la Seigneurie. Les envoyés ont beau se montrer rassurants, affirmant qu'ils souhaitent ramener l'enfant en ville, des rumeurs horribles ont circulé sur le sort qu'on lui réserve et la peur domine parmi les pensionnaires. Catherine de Médicis leur est amenée et manifeste une résistance assez farouche, tout comme les sœurs du couvent. La décision est prise de surseoir au lendemain cette sortie du couvent. Dans la nuit, Catherine met en scène une échappatoire : elle coupe ses cheveux et prend l'habit de moniale, espérant ainsi éviter son sort car personne n'oserait extraire de son couvent une religieuse. Le lendemain, quand les hommes de la Seigneurie reviennent et sont admis au parloir, ils s'adressent cette fois-ci à une religieuse. Catherine de Médicis leur aurait alors dit : « Allez trouver ces seigneurs et dites-leur que j'ai l'intention de me faire religieuse et de ne jamais me séparer de mes vénérables mères. » La détermination de son discours, son habit de moniale et son sang-froid ne changent rien à son sort et elle est ramenée à dos de mule au couvent de Sainte Lucie quelques jours plus tard. Mais son attitude reflète déjà son tempérament, sa recherche de l'esquive, son courage ou en tout cas son opiniâtreté face à l'adversité. Par chance pour elle, l'armée républicaine est défaite le 3 août 1530 et Florence soumise à nouveau au pouvoir du pape et de l'empereur. Le retour des Médicis aux affaires de la ville suit de près ce dénouement.

Pour Catherine, ces années de la seconde République florentine lui ont enseigné l'adversité. Elle a expérimenté intimement les conséquences d'une diplomatie européenne mouvementée, les contrecoups d'une politique clanique de conquête du pouvoir. Au regard de sa vie entière, difficile de ne pas entrevoir ici une préface éclairant les moteurs de son destin. Mais rapidement, Catherine de Médicis est emmenée à Rome où elle grandit un temps sous la protection de son grand-oncle Clément VII. Les témoins de son retour notent l'accueil paternel que lui a réservé le pape et combien il semble tenir à sa petite-nièce, la recevant « les bras tendus, les larmes aux yeux par la grande joie et plaisir de la ouïr parler si sagement et de la voir en si prudente contenance ».

Catherine de Médicis est confiée à l'une de ses tantes, Lucrezia Salviati (1470-1553), sœur de Léon X, et elle habite pendant deux ans dans le palais Médicis, retrouvant ses cousins, Alexandre et Hippolyte. Dans cet environnement enfin sûr, elle entre en contact avec les richesses de la Renaissance romaine et les artistes qui y travaillent car, avec Florence, Rome fait partie des grands foyers de la Renaissance italienne avec des papes bâtisseurs qui construisent et transfigurent la ville depuis quelques décennies. L'intérieur du palais familial des Médicis est bien sûr opulent. Aucun élément de la Renaissance ne manque : statues, bibliothèques, tableaux, décors somptueux sont le quotidien de Catherine, tout comme au Vatican où elle se rend souvent pour déjeuner avec le pape. Elle y découvre les œuvres des plus grands artistes du temps, comme Michel-Ange ou Raphaël, et parcourt l'une des plus riches bibliothèques européennes. L'artiste Giorgio Vasari, qui a fait son portrait, dira d'elle :

> J'ai beaucoup d'amitié pour elle, à cause de ses qualités propres et à cause de l'affection qu'elle porte à moi-même et à mon pays. Si je puis m'exprimer ainsi, je l'adore autant que les saints du paradis. Son charme ne peut se dépeindre, sinon j'en aurais conservé la mémoire avec mes pinceaux.

Catherine de Médicis est encore très jeune mais la question de son mariage devient de plus en plus prégnante. L'âge du mariage des filles de grande famille reste précoce au début du XVIe siècle. Par la suite, il aura tendance à s'élever, dans toutes les couches de la société européenne et particulièrement la moins aisée. Avec son nom et ses appuis, elle ne manque donc pas de prétendants que son grand-oncle sait faire attendre. Parmi eux, on peut citer le duc de Milan, le duc de Mantoue, le roi d'Écosse, le duc d'Urbain… Clément VII, dont l'intérêt est de se rapprocher du roi de France – Charles Quint est décidément trop puissant ! –, est progressivement séduit par les propositions de François Ier d'unir à Catherine son second fils, Henri, duc d'Orléans. Cette alliance représente une belle affaire pour le pape qui verrait ainsi une Médicis entrer dans la prestigieuse famille européenne des Valois. Le roi de France y gagnerait de son côté l'unique héritière de la branche aînée des Médicis.

Cette union toutefois n'est pourtant pas évidente. Catherine de Médicis ne manque pas de qualités si l'on en croit les rapports rédigés par les émissaires envoyés par François Ier pour faire une enquête sur elle, mais elle n'est pas issue d'une grande famille de la noblesse européenne. Ses ancêtres ont beau être fortunés, ils sont de simples banquiers et aucun ne s'est illustré par les armes, aucun n'est un ancien croisé. Sa famille, même si elle peut compter des papes, a été chassée par deux fois de Florence et ne montre pas une capacité à asseoir un pouvoir politique pérenne. Elle ne répond donc pas aux critères aristocratiques qui exigent de se marier entre personnes du même rang, sous peine de dérogeance, et le nom Médicis reste lié à la fortune bancaire et au mécénat. Mais, après tout, dans ces projets d'alliance avec Henri, il est question d'épouser le cadet de la famille, certes un fils de roi mais un enfant qui n'est pas destiné à régner. Son utilité dans le jeu diplomatique de cette chrétienté occidentale de la première modernité l'emporte, elle doit entrer dans la cour de France.

MARIAGE PRINCIER ET PREMIÈRES ANNÉES À LA COUR DE FRANCE

Après les premières années florentines et romaines, le mariage de Catherine est donc d'actualité. L'accord acté entre François Ier et le pape, la jeune fiancée quitte Florence le 1er septembre 1533 et rejoint la France à bord d'une flotte de dix-huit galères à destination de Villefranche. Clément VII arrive un mois plus tard et, le 12 octobre, ils sont l'un et l'autre proches de Marseille qui les attend dans l'allégresse générale au son des cloches de l'église de La Major. Les mariages princiers – tout comme les naissances – sont toujours sources de joie pour les sujets. L'euphorie est considérable car la jeune fiancée apporte avec elle une dot conséquente de 100 000 ducats et de somptueux bijoux, et surtout la promesse faite par son grand-oncle, le pape, de livrer à la France Pise, Livourne, Modène, Parme, Plaisance et d'aider François Ier dans la conquête de Milan, Gênes et Urbino, rêve que poursuivent les rois de France depuis des années.

Catherine de Médicis entre officiellement dans la cité de Marseille le 23 octobre pour se rendre dans les appartements du pape où l'attendent alors François Ier

et ses deux fils cadets, Henri d'Orléans, son futur mari, et Charles d'Angoulême. Les fiancés, qui se rencontrent pour la première fois, ont le même âge, 14 ans, et ils ont connu l'un et l'autre la captivité, puisque Henri a été retenu en otage en Espagne par Charles Quint de 1526 à 1530, en application du traité de Madrid. Ils sont là pour unir deux familles différentes par nature, les Médicis et les Valois, conscients de n'être que des pions sur le vaste échiquier politique européen. François Ier et le pape en profitent d'ailleurs pour discuter des progrès du protestantisme dans le royaume de France et tenter de trouver des solutions pour endiguer l'hérésie. Le mariage est célébré le 28 octobre 1533 et promptement consommé. Le pape quitte la France, rassuré : sa nièce est désormais duchesse d'Orléans. Toutefois la mort de Clément VII, en septembre 1534, sans remettre évidemment en cause le mariage, lui apporte une autre tonalité, puisque le nouveau pape, Paul III (1468-1549), rompt les accords et refuse de payer la dot à François Ier qui déclare alors « J'ai eu la fille toute nue », tout en restant attaché à sa bru.

Catherine de Médicis semble sincèrement prendre plaisir à la compagnie du roi qui se déplace constamment selon les usages du temps. En effet, la cour de

France n'est pas encore sédentarisée à Versailles et ne le sera qu'avec Louis XIV en 1682. C'est une cour nomade, qui suit le monarque, et comme le remarque Marin Giustiniano, l'ambassadeur de la République de Venise en France de 1532 à 1535 : « Jamais du temps de mon ambassade la cour ne s'arrêta dans le même endroit pendant quinze jours de suite. » Certes le Louvre est souvent occupé par le monarque, mais d'autres résidences proches de Paris accueillent la cour de France : le château de Madrid, au bois de Boulogne, Fontainebleau, que François Ier a décidé de transformer en château de la Renaissance ; dans le Val de Loire, également, le château d'Amboise ou encore celui de Blois, peuvent retenir l'attention du roi à la faveur d'une chasse, ou bien encore Chambord, la grande œuvre architecturale du monarque.

Catherine de Médicis est nouvelle dans cette cour. Elle cherche à s'y intégrer et s'y montre plaisante, discrète et humble auprès de toutes les personnes qui l'approchent, ce que chacun note. La cour de France est d'autant plus importante au XVIe siècle qu'elle atteste la puissance du roi. Elle devient, à cette époque, une institution informelle politique essentielle dans le fonctionnement du royaume de France. Elle compte quelques milliers d'individus, principalement nobles, qui forment la foule des courtisans. Elle réunit toute la famille royale et toute la domesticité, et il faut s'imaginer ces milliers d'individus se déplaçant avec le roi, leurs domestiques et leurs caravanes. Son rôle politique fondamental est d'occuper la noblesse pour éviter qu'elle ne complote contre le roi, car au XVIe siècle l'aristocratie est largement partagée entre la cour de France et ses terres dispersées dans les provinces du royaume. La cour a ses rituels et ses règles, la fameuse « étiquette », et cette cour, jusqu'alors particulièrement rustique, devient de plus en plus polie et policée avec l'influence de l'ouvrage d'un Italien, Baldassare Castiglione, *Il Libro del cortegiano*, *Le Livre du courtisan*. Paru en 1528, il codifie les bons usages, l'art de la civilisation et de la conversation. Castiglione propose un manuel de civilité et un modèle de vie aux gens de la cour et à tous ceux qui entendent y parvenir.

Catherine de Médicis assiste à la transformation progressive de cette cour, des gestes et des attitudes. Elle s'acclimate à cette société curiale, à la « petite bande des dames de cour », comme le note Brantôme, « dames de maison, damoiselles de réputation » que François Ier choisit très soigneusement parmi « les plus belles et les plus gentilles » et qui paraissent « à la cour comme des déesses au ciel ». Mais Catherine de Médicis n'est pas simplement passive, se contentant d'observer le jeu des courtisans. Elle est sportive, adroite à l'arbalète et s'intéresse à des activités qui sont alors plus masculines, comme la chasse, grande passion du monarque. Et toujours selon Brantôme :

> Elle fit prière au roi de permettre qu'elle ne bougeât jamais d'avec lui. On dit qu'elle, qui était fine et habile, le fit bien d'autant pour voir les actions du roi et en tirer les secrets et savoir toutes choses, et ce autant pour cela que pour la chasse ou plus. [...]

Et d'ajouter :

> Le roi François lui sut si bon gré d'une telle prière, voyant la bonne volonté qui était en elle, d'aimer sa compagnie, qu'il lui accorda de très bon cœur, et outre qu'il l'aimait naturellement il l'en aima davantage et se délectait à lui faire donner plaisir en la chasse en laquelle elle n'abandonnait jamais le roi et le suivait toujours à courir, car elle était fort bien à cheval et hardie et s'y tenait de fort bonne grâce, ayant été la première qui mit la jambe sur l'arçon, d'autant que la grâce y était bien plus belle et apparaissante que sur la planchette.

Elle introduit l'usage de monter en amazone, ce qui permet aux femmes d'aller au trot et au galop comme les hommes. Elle sait ainsi gagner l'affection du roi, qui apprécie non seulement ses capacités sportives mais aussi son intelligence et son sens artistique. Un ambassadeur italien note d'elle : « La Dauphine montre un goût particulier pour les lettres ; elle est si instruite, et surtout en grec, qu'elle fait l'admiration de tout le monde. » Catherine de Médicis a vécu dans les plus beaux palais de la Renaissance et ses premières années à la cour de France sont celles où cette cour connaît la pleine majesté, la pleine puissance de la Renaissance dite française. Cette Renaissance française a en partie débuté avec les déplacements du monarque sur le sol italien à l'occasion des fameuses guerres d'Italie. Bien sûr, les échanges culturels existaient avant ces conflits, mais ils connaissent autour de 1500 une accélération. Ces guerres d'Italie ont été en outre l'occasion de ramener en France des artistes. Charles VIII, qui règne de 1470 à 1498, engage ainsi vingt-deux artistes napolitains et fait débuter des travaux à Amboise dès 1492. Son successeur, Louis XII, entreprend quant à lui des travaux à Blois. En 1516, François Ier invite l'un des plus grands artistes de la Renaissance italienne, Léonard de Vinci. Il est déjà âgé et, installé près d'Amboise, il y meurt en 1519 laissant à la France *La Joconde*, *La Vierge, l'enfant Jésus et Sainte-Anne*, ainsi que d'autres tableaux, ses dessins et carnets. De surcroît, le roi fait chercher des statues antiques et des manuscrits en Italie et fait venir en France l'orfèvre Benvenuto Cellini.

Plus tardive qu'en Italie, la Renaissance française bat son plein dans les années 1530-1540. Et si l'aventure italienne pour les rois de France se solde par un échec sur le plan militaire et diplomatique, l'italianisme, lui, a triomphé sur le plan artistique, surtout grâce à l'italophilie de François Ier et évidemment des membres de la haute noblesse qui cherchent à l'imiter. Tous font construire des palais, des demeures, des hôtels particuliers à l'identique de ceux du roi. Néanmoins, les historiens de l'art donnent aujourd'hui une image plus différenciée de la Renaissance française en replaçant l'influence italienne dans des traditions artistiques françaises persistantes.

Catherine de Médicis est donc à la cour en pleine effervescence de la Renaissance française. L'architecture des châteaux est en train de se transformer, juxtaposant une architecture française, marquée par l'art gothique style flamboyant et l'architecture religieuse jusqu'au milieu du XVIe siècle, et les éléments ornementaux du décor italien. À Blois, l'aile nord est modernisée sous François Ier par une façade monumentale ornée d'un escalier à claire-voie, les deux étages de loge ajoutés du côté de la ville s'inspirent du

Vatican et de l'œuvre de Bramante. À Chambord, si les plans originels des travaux viennent probablement de Domenico de Cortona, le grand escalier et la forêt de cheminées et de lanternes sur les toits expriment le goût français pour la verticalité. De nombreuses demeurent princières sont donc de vastes chantiers et la défaite de François Ier à Pavie en 1525 n'a pas mis un point final à cette œuvre royale sur le plan architectural, bien au contraire. À son retour en France, il fait construire le château dit de Madrid au bois de Boulogne, aujourd'hui détruit, dont la décoration est confiée en partie au céramiste florentin Girolamo della Robbia.

La cour se déplace volontiers dans les années 1530, dans Paris et dans les environs. À Saint-Germain-en-Laye, le château est agrandi, mais c'est surtout le château de Fontainebleau qui bénéficie d'aménagements. Les travaux de décoration constituent une étape importante dans l'éclosion de la Renaissance française, et la galerie François Ier est réalisée sous la direction de Rosso Fiorentino (1494-1540) et du Francesco Primaticcio dit le Primatice (1504-1570). Catherine de Médicis visite avec le roi ces châteaux en construction ou en transformation, notamment Fontainebleau, et discute avec les artistes de cette

Renaissance italienne émigrés en France. Elle est l'arrière-petite-fille de Laurent le Magnifique, le plus grand mécène italien du XVe siècle, il ne faut pas l'oublier. Et François Ier apprécie de l'entendre parler italien avec ceux qui sont venus décorer ses palais. Leur amour partagé pour l'art crée une vraie complicité entre Catherine de Médicis et le roi.

Ces premières années à la cour de France sont donc un temps d'observation et d'acclimatation, durant lesquelles elle doit apprendre une nouvelle langue au quotidien, même si elle parlait déjà un peu le français au moment de son mariage. Elle se montre curieuse des usages de la vie de la cour de France et apprend ses codes et les relations entre ses membres, savoirs essentiels dans cette société curiale où les jeux de clientèle sont tout autant fondamentaux que les préséances et les rangs. Elle n'y joue pourtant pas à proprement parler de rôle notable : elle n'est pas la femme du dauphin, mais du cadet.

Tout change en août 1536, date qui la fait devenir dauphine de France avec la mort du prétendant au trône, François de Bretagne.

LA DAUPHINE DE FRANCE

Le fils aîné de François Ier, après une épuisante partie de jeu de paume et l'absorption d'un verre d'eau fraîche, est pris d'un malaise et meurt quelques jours plus tard, le 10 août 1536, au château de Tournon. Il était âgé de dix-huit ans et sans héritier – il n'était pas marié –, son décès fait donc immédiatement de l'époux de Catherine de Médicis, Henri, l'héritier du trône. Elle n'est donc plus duchesse d'Orléans, mais dauphine du Viennois et duchesse de Bretagne. Plus important encore, elle prend une place centrale à la cour, auprès de François Ier et de son épouse Éléonore de Habsbourg, en occupant, aux côtés de son époux, le premier rang dans les cérémonies curiales. À la faveur de ce décès, elle acquiert une toute autre stature, au cœur du pouvoir monarchique. Et, déjà, les rumeurs sur Catherine de Médicis l'empoisonneuse circulent : comment le dauphin François a-t-il pu mourir aussi rapidement après avoir bu un verre d'eau ?

Elle devient dauphine et les difficultés ne manquent pas car elle doit composer avec une autre femme pour laquelle son mari ne cache pas vraiment son attachement : sa cousine, Diane de Poitiers, comtesse de Brézé, veuve d'un sénéchal de Normandie. Le grand-père maternel de Catherine de Médicis est le frère de la grand-mère paternelle de Diane. Diane a vingt ans de plus que Catherine de Médicis et le dauphin, mais elle est expérimentée, a beaucoup de charisme et une beauté que tout le monde s'accorde à reconnaître. Ses qualités semblent donner de l'assurance à Henri, plutôt connu pour son caractère effacé par rapport à son père, dont il n'est pas le fils préféré.

L'ambiance tendue qui règne parfois à la cour est une difficulté supplémentaire pour la nouvelle dauphine. Mais tout cela est dans l'ordre des choses car la cour de France est aussi un repaire de rumeurs, de tensions et de complots. Ainsi, Henri ne s'entend pas avec son frère cadet, Charles II d'Orléans, né en 1522, qui devient le préféré de son père après la mort de leur aîné et est très apprécié à la cour. Les tensions au sein de la fratrie sont de plus en plus palpables dès lors que Catherine de Médicis cumule le grave handicap de ne pas donner d'héritier à la couronne.

En effet, Catherine et Henri sont mariés depuis avril 1533 et ils n'ont toujours pas d'enfant. La grossesse est au cœur de la vie des femmes de ce temps, quel que soit leur statut mais elle est d'autant plus cruciale dans le cas des princesses qui assurent ainsi la continuité d'une prestigieuse famille. On imagine donc la pression qui pèse sur les épaules de la dauphine. La menace de répudiation devient forte à partir de 1538 car Henri a une enfant naturelle, une petite Diane, avec une Piémontaise, Filippa Duci, brièvement rencontrée lors d'une campagne militaire (l'enfant sera faite duchesse d'Angoulême et sera éduquée par Diane de Poitiers). C'est bien la preuve aux yeux de tous que la dauphine est seule responsable de cette infertilité. Les femmes étaient alors volontiers rendues responsables de tous les maux touchant à l'enfantement comme la stérilité ou le sexe féminin de l'enfant. Matteo Dandolo, ambassadeur vénitien à la cour, résume l'opinion de tous :

> La dauphine est très sereine et d'un tempérament sain, excepté en ce qui concerne son aptitude à procréer. Non seulement elle n'a pas encore eu d'enfant, mais je doute qu'elle en ait jamais, bien qu'elle avale tous les remèdes imaginables susceptibles de l'aider à concevoir. J'en déduis pour ma part qu'elle risque plus de porter atteinte à sa santé que de remédier à son problème. Pour autant qu'on puisse en juger, son époux le dauphin l'aime et la chérit. Sa majesté semble aussi beaucoup l'apprécier, tout comme la cour et le peuple, et je ne crois pas qu'il y ait une seule personne dans tout le royaume qui ne donnerait pas son sang pour la voir enfanter un héritier.

Tous espèrent cette descendance et, paradoxalement, le soutien le plus fort vient de Diane de Poitiers, dont le dauphin n'hésite plus à porter les couleurs, car leur relation est vraisemblablement devenue plus charnelle à partir des années 1537-1538. Cet appui de la favorite tient à sa parenté avec la dauphine, mais surtout Diane semble apprécier la relative tolérance de Catherine de Médicis face à la liaison qu'elle entretient avec son mari, et que personne ne méconnaît alors. Elle ne veut pas que Catherine de Médicis soit répudiée car il valait mieux Catherine à toute autre épouse peut-être moins docile à accepter les liens qui l'unissaient au dauphin. Le roi paraît trop attaché à elle pour accepter son départ mais les risques sont réels. Diane pousse donc son amant dans le lit de son épouse. Il s'y plie de bonne grâce, mais la solution est trouvée non pas grâce aux bons conseils de la favorite ni grâce aux onguents et potions de toutes sortes que Henri et Catherine de Médicis utilisent pour tenter de résoudre leurs problèmes d'infertilité. C'est le médecin, astrologue et mathématicien Jean Fernel (1506-1558) qui diagnostique au dauphin une malformation de la verge et à la dauphine une rétroversion de l'utérus qui nécessitent une position spécifique pour qu'une fécondation puisse être envisagée. Et le miracle tant attendu se produit enfin : en mai 1543, Catherine de Médicis tombe enceinte. Cela ne manque pas de provoquer joie et soulagement extrêmes à tous : à François Ier, au dauphin Henri et à sa maîtresse ; et la liesse est totale quand la dauphine accouche d'un enfant mâle le 19 janvier 1544, baptisé du prénom de son grand-père, François. Il s'agit donc du futur François II. Tout le monde s'accorde à dire que cet enfant miraculeux est né sous les meilleurs auspices possible, si l'on en croit les différents astrologues consultés. Hélas, cet enfant mourra à l'âge de 15 ans…

Après onze années d'infertilité, Catherine de Médicis donne enfin un héritier au trône de France, qui sera suivi de neuf autres naissances jusqu'en 1556, ce qui n'a rien d'extraordinaire, même si le nombre est remarquable, compte tenu des longues années d'infécondité de la dauphine. Le mariage a en effet comme finalité, et cela est rappelé dans le catéchisme de l'Église de France, la procréation afin de peupler la Terre et les Cieux (car évidemment, nombre d'enfants mouraient en bas âge). La natalité, dans la France de l'Ancien Régime, avoisine les 40 pour mille et une femme peut engendrer jusqu'à quinze enfants au cours de sa vie, selon l'âge de son mariage. Généralement elle accouche de six, sept, huit enfants. Une dizaine n'est donc pas extraordinaire pour une reine, les femmes des grandes familles ayant tendance à se marier très jeunes et donc à concevoir plus tôt que les femmes issues des couches inférieures de la société.

Comme il est commun à l'époque, certains enfants de Catherine de Médicis sont morts jeunes. Tel est le cas de Louis, qui naît en février 1549. Il meurt à l'âge d'un an et huit mois, en octobre 1550. C'est également le destin des jumelles Victoire et Jeanne, dont la mise au monde en juin 1556 est particulièrement douloureuse, physiquement et moralement, pour la reine. Ce sera d'ailleurs son dernier accouchement. Jeanne est morte *in utero* et il est difficile de l'expulser. On fait venir en extrême urgence Jean Fernel, le fameux médecin qui a su résoudre les problèmes d'infertilité du couple, pour solliciter une nouvelle fois ses connaissances. Pour lui, la solution est tout aussi simple que brutale : il faut démembrer Jeanne dans le ventre de sa mère pour pouvoir sortir l'enfant et sauver la reine. Il faut savoir qu'une des principales causes de mortalité des femmes en ce temps-là est l'accouchement et les grossesses gémellaires sont encore plus dangereuses. Victoire, la seconde jumelle, décède deux mois plus tard. On comprend le traumatisme de Catherine de

Médicis. D'ailleurs, ses trois enfants morts en bas âge, Louis, Victoire et Jeanne, sont représentés dans une miniature du livre d'heures de Catherine de Médicis, signe qu'ils restent très fortement présents dans sa mémoire de mère.

Elle avait, avant ses jumelles, déjà eu des filles qui connaîtront des destins importants : Élisabeth de France, sa deuxième enfant, née en 1545, qui deviendra reine d'Espagne en épousant Philippe II en 1559. Sa deuxième fille est Claude de France, née en 1547 qui, en épousant Charles III de Lorraine en 1559, sera duchesse de Lorraine. Et enfin Marguerite de France, née en 1553, la fameuse « reine Margot », qui accède à la couronne de Navarre en 1572 en épousant Henri III de Navarre (le futur Henri IV). Ce mariage sera le prélude à la Saint-Barthélemy, massacre de plusieurs milliers de protestants à Paris et dans le reste du royaume. Et Margot sera reine de France de 1589 à 1599.

Quant aux enfants mâles, les plus importants dans l'imaginaire du temps, on compte outre le premier né, François, Charles qui voit le jour en juin 1550. Connu sous le nom de Charles IX, il devient roi de France en 1560, à la mort de son frère aîné. Puis, Henri naît en 1551, il est duc d'Angoulême à sa naissance, duc d'Orléans en 1560 et duc d'Anjou en 1566. Il est roi de Pologne en 1573, mais surtout roi de France sous le nom d'Henri III en 1574, à la mort de son frère Charles IX. Le dernier enfant mâle est François, né en mars 1555. Duc d'Alençon, il devient duc d'Anjou en 1576 et meurt en juin 1584. Sa mort entraîne un grave problème de succession pour la lignée des Valois : Henri III n'a alors pas de descendant et le protestant Henri de Navarre, de la lignée des Bourbons, peut légitimement prétendre au trône.

Selon les chroniqueurs, Catherine de Médicis est une mère inquiète, attentive en particulier à l'éducation de ses enfants. Dans ce rôle, elle est assistée par Diane de Poitiers, titrée duchesse de Valentinois par Henri en 1548, qui veille au bon déroulement de ses grossesses, l'assiste au moment d'accoucher, choisit avec elle les nourrices et appelle lorsqu'il le faut les sages-femmes et les médecins. Elle est présente auprès des enfants de France quand la reine est absente pour des affaires publiques, et donne de leurs nouvelles aux parents soucieux de la santé de leur progéniture. Diane est partout présente dans la vie personnelle de Catherine, y compris dans les représentations publiques, comme à Lyon, en 1548, lors de l'entrée royale de Henri II.

Les entrées royales font partie des cérémonies essentielles de la monarchie, comme le sacre ou le lit de justice. Organisées lorsqu'un monarque entre pour la première fois dans une ville, elles symbolisent la soumission des cités à l'autorité monarchique. En 1548, Henri n'est plus dauphin, mais roi de France. Son père François Ier est mort le 31 mars de l'année précédente et Henri a été sacré à Reims, comme il se doit, en juillet. Cet événement signifie concrètement pour les villes qui accueillent le nouveau monarque l'organisation de festivités coûteuses selon un rituel codifié : des décors antiquisants sont créés tout au long du parcours du roi et de sa suite, des objets mécanisés fort à la mode sont mobilisés. Avec le temps, ces cérémonies sont devenues l'occasion de surenchère entre centres urbains qui cherchent à éblouir davantage que l'entrée précédente. Les livrets des entrées renseignent particulièrement bien sur le protocole, la préséance, les festivités, les décorations de ces moments qui sont des symboles des pouvoirs monarchique et urbain. Le tout est dispendieux mais c'est aussi la marque de l'intérêt que porte la ville au roi qu'elle accueille. En retour, le monarque se doit de réaffirmer les droits et privilèges de la ville dans laquelle il entre.

Pour l'entrée royale d'Henri II en septembre 1548, Lyon est donc, comme de coutume, transfigurée, avec des décors, des cortèges, des processions et des festivités. Près de 7 000 personnes participent à cet événement qui dure plus d'une semaine, et les autorités municipales qui les organisent ont choisi un thème unique : « l'influence bénéfique de l'Amour sur la conduite des affaires ». Une importante mise en scène est élaborée, qui recourt à l'antiquité selon la mode « Renaissance » du moment. Le long cortège de la ville parade suivant un ordre établi et le roi admire l'apparition d'une déesse Diane, venue lui rendre hommage, vêtue d'une « tunique de toile d'or noire semée d'étoiles d'argent ». L'itinéraire est parsemé de signes et d'allégories indiquant la présence d'une Diane antique qui, par ses couleurs, le blanc et le noir, renvoie à une autre Diane, bien contemporaine : Diane de Poitiers. Pour la première fois, une Diane chasseresse apparaît dans une cérémonie publique. Tout le monde, évidemment, devine l'allusion à la favorite ; le roi semble ravi et les mentalités du temps ne jugent pas indélicat le sous-entendu. D'ailleurs, le lendemain 24 septembre 1548, l'entrée de la reine, qui a toujours lieu après celle du roi, ne dispense pas l'assistance de la présence de la maîtresse du roi. Catherine de Médicis est sur une litière verte, sa couleur selon Brantôme. La déesse Diane est encore mise en scène, cette fois vêtue de taffetas et de satin verts pour offrir un lion mécanique à la reine de France. Diane ressurgit donc, sensiblement incontournable à cette fête. Certains ont parlé de ménage à trois, Catherine de Médicis acceptant l'omniprésence de sa cousine, dame d'honneur et favorite. Mais la discrétion et ce qui peut passer pour de l'assentiment de la part de Catherine ne doivent pas tromper. Et dans une lettre adressée bien plus tard à Bélièvre, le 25 avril 1581, la reine-mère qu'elle est devenue explique : « Je faisais bonne chère à Madame de Valentinois, c'était le roi, et encore, je lui faisais toujours connaître que c'était à mon grand regret ; car jamais femme qui aimait son mari n'aima sa putain. »

La période des premiers accouchements de Catherine de Médicis coïncide donc avec la fin du règne de François Ier, qui avait toujours été pour elle un beau-père bienveillant. Le roi meurt le 31 mars 1547, âgé de 52 ans, et Henri II est sacré en juillet. Avec les entrées royales, les sacres sont des moments essentiels de la monarchie absolue de droit divin. Catherine de Médicis devient donc reine de France. La loi salique, l'une des plus fondamentales du royaume, ne permet pas aux femmes de régner, mais elles portent le titre de reine car elles sont femmes de roi. On procède au couronnement de Catherine de Médicis quelques mois après la naissance de son enfant Louis, le lundi de Pentecôte 10 juin 1549, dans la basilique Saint-Denis. Recouverte des vêtements du sacre, elle marche devant les prélats et tous les hauts dignitaires de la cour. Un drap d'or surplombe le trône dans lequel elle s'installe, sur une estrade. Il est important qu'elle domine visuellement le public venu assister à ce moment solennel. La reine reçoit du cardinal de Bourbon l'onction de l'huile sainte sur le front et la poitrine et il lui remet alors les *regalia*, les insignes de la puissance monarchique : l'anneau, le sceptre et la main de justice. Au-dessus de sa tête est présentée l'imposante couronne royale. Une messe solennelle suit, durant laquelle quatre dames lui remettent le pain, les burettes de vin et le cierge. Après la bénédiction, le cortège se reconstitue et gagne l'abbaye pour un repas sans doute exceptionnel.

Le sacre confère ainsi à Catherine de Médicis une position éminente dans le royaume. Mais parmi les quatre femmes choisies pour accomplir aux côtés de la reine des gestes liturgiques de remise des offrandes, figurent les duchesses de Guise, de Nevers, d'Aumale et Madame de Valentinois, Diane. On saisit la faveur dont elle jouit et la place qu'Henri II veut lui voir occuper à la cour au moment même où Catherine de Médicis, mère du dauphin, est couronnée reine de France.

II

UNE FEMME DE POUVOIR

Après une enfance pour le moins mouvementée, un mariage imposé et les premières années à la cour de François Ier synonymes de difficultés à enfanter, Catherine de Médicis acquiert un rôle considérable dans son pays d'adoption. Sous le règne de François Ier, elle a beaucoup observé le monde qui l'entoure, mais cette période passive est terminée et sous le règne de son mari, Henri II, elle va être associée aux affaires politiques, tout au moins symboliquement dans un premier temps. La mort accidentelle de celui-ci, en 1559, change considérablement la donne et même si elle a déjà été régente, son statut de « gouvernante du royaume » lui confère un poids déterminant dans les décisions monarchiques.

L'APPRENTISSAGE SYMBOLIQUE DU POUVOIR SOUS LE RÈGNE D'HENRI II

À la cour, les débuts du règne d'Henri II sont marqués par le départ de ceux qui étaient tout-puissants sous le règne du vainqueur de Marignan et par l'arrivée d'autres courtisans. Une révolution de palais, pourrait-on dire mais ce n'est guère étonnant si l'on songe aux relations tendues qui existaient entre François Ier et son fils cadet. La favorite de François Ier, Anne de Pisseleu (1508-1580), duchesse d'Étampes, est sommée de quitter la cour et de rendre les présents faits par son amant. Tout naturellement, Diane de Poitiers la remplace, est à son tour couverte de cadeaux et devient l'objet de toute l'attention du roi. Dans un domaine plus politique, Anne de Montmorency (1493-1567), qui était tombé en disgrâce aux yeux d'Anne de Pisseleu et du roi depuis 1541, retrouve toute sa puissance avec Henri II et devient principal conseiller et chef du conseil privé, grand maître de la maison du roi, connétable de France et gouverneur du Languedoc. Leur relation est très étroite car le roi se souvient de son rôle clef dans sa libération en 1530.

Catherine de Médicis prend aussi sa place dans ce nouvel agencement du pouvoir, particulièrement quand son mari est absent car il lui délègue une partie de son pouvoir. Ce n'est pas en soi quelque chose de neuf : Saint Louis et François Ier avaient été amenés à adopter la même démarche. Cela arrive d'ailleurs assez tôt dans le règne, puisqu'à l'été 1548, Henri part de Fontainebleau pour le Piémont afin d'asseoir l'influence de la France en Italie dans le Milanais espagnol. Les guerres d'Italie ne sont en effet toujours pas terminées et la cour accompagne le roi dans son périple jusqu'en Bourgogne. À la fin de juillet 1548, est créé un conseil chargé d'expédier les affaires courantes, qui réunit, sous la présidence de Catherine de Médicis, le chancelier François Olivier, le duc de Guise, son frère le cardinal de Lorraine, Monsieur de Saint-André et l'évêque de Coutances, les principaux conseillers du roi. Mais force est de constater, dans la pratique du pouvoir, qu'au-delà de ces effets d'annonce, la délégation à Catherine de Médicis est avant tout symbolique et honorifique, et le roi, de loin, continue à prendre les décisions essentielles avec un conseil qui s'est installé à Lyon.

Quatre ans plus tard, en 1552, la situation se représente ; cette fois-ci, le roi part en Allemagne, à la conquête des trois évêchés de Metz, Toul et Verdun. Catherine de Médicis est à nouveau chargée de veiller sur les affaires courantes, mais en gagnant cette fois-ci et pour la première fois, le titre de régente. En tout cas, si l'on en croit les paroles du monarque : « Nous laissons en notre absence la reine, notre compagne, régente à l'administration de notre royaume, accompagnée de notre fils le dauphin, et d'un bon nombre de vertueux et notables personnages de notre conseil privé. » Catherine de Médicis croit qu'Henri II lui a donné une pleine et entière autorité, mais s'aperçoit en réalité qu'elle est surveillée encore par l'amiral de France, Claude Annebault (v. 1495-1552) et surtout par le garde des Sceaux Jean Bertrandi (1492-1560), une « créature » de Diane de Poitiers selon le mot utilisé pour désigner, au sein des cours européennes du temps, des personnes qui connaissent une ascension sociale par le jeu de clientèle de la cour. Mais la reine n'est plus une jeune Florentine réservée, intimidée et docile, et elle abandonne sa légendaire attitude soumise et se plaint de cette tutelle, en avançant des précédents qui lui sont favorables. Elle prend pour exemple la régence confiée par François Ier à sa mère, Louise de Savoie, sans que cette délégation de pouvoir n'ait eu à subir aucun contrôle. Il semble qu'ici

Catherine de Médicis manifeste un seuil d'acceptation de la présence de la favorite, Diane. Dans la vie quotidienne de la cour, le partage des tâches et l'éducation des enfants, elle la tolère, mais dans le partage d'une autorité déléguée par son mari, il n'en est plus question.

Dans les deux années suivantes, elle reçoit de nouveau des pouvoirs de régente tandis qu'Henri II part combattre sur la frontière nord du royaume. Cette fois, elle veut marquer les esprits. Son mari n'est plus là, et elle veut rendre visible la douleur que cette absence lui cause. Elle s'habille en noir pour la première fois. C'est un acte symbolique, mais tout est symbole dans cette vie de cour au XVIe siècle. Les couleurs des vêtements ou de l'ornementation ont déjà été évoquées lors de l'entrée royaume de Lyon en 1548. Elles ont une réelle signification qui a pu varier dans le temps. Le noir a longtemps été du côté du diabolique, du funeste mais la fin du Moyen Âge le promeut considérablement et il devient aussi indice de respectabilité et d'intégrité. Cela va de pair avec les lois et édits somptuaires qui se multiplient un peu partout dans les royaumes afin de limiter notamment le faste vestimentaire des personnes de la haute société qui rivalisaient de couleurs, d'ornements et d'accessoires dans une surenchère de culture des apparences, néfaste aux bonnes mœurs pensait-on. Le noir devient une couleur associée à la vertu tout comme elle gagne de plus en plus d'adeptes dans les cours européennes. La simplicité de parure va de pair avec l'austérité de vie. Et il n'est pas étonnant que ce changement de couleur de vêtement s'accompagne d'une spiritualité accrue chez la reine. Catherine de Médicis adopte ainsi une attitude pieuse et fait savoir qu'elle a adressé de nombreuses prières pour la félicité et la prospérité du roi absent, celle du royaume et donc des armées du roi. Elle exhorte chacun à faire de même et toutes ses lettres montrent la force de ses sentiments pour son mari, ce que l'on sait notamment grâce à une lettre de Michel de L'Hospital (v. 1505-1573), qui n'est pas encore chancelier de France, missive qu'il destine depuis Paris aux combattants :

> Voulez-vous savoir ce que nous devenons, ce que fait la reine, si anxieuse de son mari, ce que fait la sœur du roi, donc Marguerite, duchesse de Berri et sa bru, et Anne d'Este qui est l'épouse de François de Lorraine, et toute leur suite, impropre à porter les armes. Par des prières continuelles et par des vœux elles harcellent les puissances célestes, implorant le salut pour vous et pour le roi et votre retour rapide après la défaite des ennemis.

Tout est lié pour Catherine de Médicis : son mari, le royaume, les armées, la victoire, et surtout la défaite des ennemis. Dans ce moment d'intense angoisse collective initiée par la reine, le 13 août 1557 reste une date importante dans son action politique. Trois jours plus tôt, elle est informée que les troupes royales, à la tête desquelles se trouve le connétable de Montmorency, l'homme fort du royaume, ont été écrasées à Saint-Quentin par les Espagnols. Elle s'inquiète évidemment pour le roi, mais celui-ci est hors de danger puisqu'il n'a pas pris part aux combats. Elle est malgré tout profondément affectée et touchée, parce que cette bataille, d'après les dépêches qui lui arrivent, semble bien plus meurtrière que la bataille de Pavie, en 1525, qui a pourtant fait couler beaucoup de sang. Six mille soldats sont tués ou massacrés, autant sont faits prisonniers, dont le connétable ainsi que le prince de Mantoue, les ducs de Longueville, celui de Montpensier, et le maréchal de Saint-André. Et, bien plus grave, les dangers semblent menacer Paris. On parle d'une marche des ennemis vers la capitale.

Il lui semble donc important d'agir et Catherine de Médicis choisit pour cela la voie qui sera toujours la sienne : la parole et la persuasion. Elle convoque l'assemblée des échevins de Paris (les bourgeois et ceux qui ont le pouvoir) afin de les convaincre de faire payer à l'ensemble des sujets un impôt pour remobiliser les troupes. Car la grande difficulté que connaissent tous les rois de France de l'époque moderne est le coût exorbitant des guerres : une bataille perdue laisse souvent les caisses royales vides. Il est donc urgent de faire entrer l'argent avant de pouvoir lever d'autres hommes et livrer d'autres combats. Catherine de Médicis sait que sans un impôt immédiat, tout espoir de revanche est impossible. Elle se rend à l'hôtel de ville, accompagnée de ses dames d'honneur, de la sœur du roi, Marguerite de France, toutes vêtues d'habits noirs, « comme en deuil » disent les sources du temps. La reine prend la parole et essaie de provoquer, comme tout bon orateur, de l'émotion sur son auditoire, c'est une voie sûre pour le toucher. Elle parle de la gravité du désastre, des morts, des prisonniers et du danger dans lequel se trouvent Paris et le royaume tout entier. Elle explique qu'il est par conséquent nécessaire de recruter des soldats « pour empêcher l'ennemi de venir plus avant ». Elle adopte une véritable stratégie de reine de guerre et veut persuader qu'il s'agit de reprendre les devants pour éviter un désastre plus grand encore. Pour cela, affirme-t-elle, il faut trouver de l'argent

« pour lever en diligence 10 000 hommes de pied ». Et ce n'est pas rien.

Cette date est importante car Catherine de Médicis met en pratique ce qu'elle a pu lire dans les nombreux ouvrages de rhétorique que compte sa bibliothèque. Elle emploie la parole comme une arme à part entière. Et vraisemblablement avec succès si l'on en croit l'ambassadeur vénitien Giocomo Saranzo : « La reine s'exprima avec tant de sentiment et d'éloquence qu'elle jeta l'émotion dans l'âme de chacun… La séance se termina avec tant d'applaudissements pour Sa Majesté et des marques si heureuses dont elle a procédé dans cette entreprise. » Cette capacité à toucher l'auditoire devient une caractéristique constante de son action politique : convaincre par la parole publique.

Elle est donc écoutée et l'assemblée des bourgeois vote, sans longue discussion selon les sources du temps, la perception sur tous les habitants d'un impôt extraordinaire de 300 000 livres tournois, indispensable pour protéger le royaume. Le geste est suivi dans les provinces du royaume, permettant au roi de disposer de subsides nécessaires pour remonter une armée. Par cette prise de parole, Catherine de Médicis a mené une action particulièrement décisive pour arriver à la victoire. À cela s'ajoute celle du roi qui nomme le duc de Guise, François de Lorraine (1519-1563), lieutenant des armées. Son frère, le cardinal Charles de Lorraine (1524-1574), prend quant à lui la direction de l'administration du royaume. Montmorency est toujours retenu prisonnier et les Guise deviennent les hommes forts du pouvoir. La maison des Guise qui s'est illustrée dans les batailles particulièrement féroces avec Claude de Lorraine (1496-1550) gagne en influence auprès d'Henri II et ne cessera d'en acquérir par la suite.

In fine, Philippe II d'Espagne renonce à marcher sur Paris et le duc de Guise reprend Calais aux Anglais en janvier 1558 : Henri II y fait son entrée le 23. À cette victoire qui renforce encore la position des Guise, s'ajoute une seconde grande nouvelle : le cardinal Charles de Lorraine marie sa nièce, Marie Stuart (1542-1587), reine d'Écosse, au premier enfant de Catherine, le dauphin François, qui a alors 14 ans. Une victoire militaire et un mariage princier : la joie est totale, et les Lorrains s'allient ainsi à la famille royale. Le 19 avril 1558, jour des fiançailles, le cardinal de Lorraine reçoit les promesses de Marie et François. Le mariage est célébré le dimanche suivant et le duc de Guise fait fonction de grand maître de la maison du roi (Montmorency est toujours prisonnier).

On voit ici l'ascension de la famille des Guise, qui se prépare en outre à l'union de Claude, autre fille d'Henri II et de Catherine de Médicis, avec le duc Charles III de Lorraine, cousin des Guise, l'année suivante.

Alors que le bonheur semble revenu dans le royaume de France, un danger se fait toutefois de plus en plus pressant : la présence croissante du protestantisme dans le royaume de France. Ironie de l'histoire, c'est le grand-oncle de Catherine de Médicis, Léon X, qui s'était opposé à Luther, le premier grand réformateur protestant. Et c'est la branche du protestantisme issue de Calvin, le second grand réformateur francophone, qui va causer le plus grand souci à la régente Catherine de Médicis.

Dans les années 1550, le protestantisme est vivace sur le territoire français, mais bien moins que dans le Saint-Empire Romain Germanique, pour une grande partie gagné aux idées de Luther ; ou dans la Confédération helvétique, touchée par le protestantisme d'essence calvinienne. La France est la fille aînée de l'Église depuis le baptême de Clovis, ce qui signifie que le roi est le bras armé de la religion catholique qu'il doit défendre contre toute forme d'hérésie. Le principe de catholicité du monarque est même l'une des lois fondamentales du royaume, ce que confirmera d'ailleurs plus tardivement la conversion d'Henri III de Navarre qui devient Henri IV. Mais, dans les années 1520, la propagande « évangélique » s'étend très rapidement dans le royaume de France, soutenue par les imprimeurs à Paris et à Lyon qui diffusent les écrits de Luther. Les sources de la répression montrent que dans les années 1530-1540, on trouve des groupes luthériens un peu partout dans le royaume, surtout dans le monde urbain, plus propice à la nouveauté que représente la Réforme protestante. On en trouve aussi parmi les artisans, dans les milieux instruits, et dans la noblesse. Ils sont enfin également présents dans la paysannerie, comme c'est le cas en Provence depuis la conversion des vaudois en 1532. Les protestants sont partout sur le territoire même si leur concentration est plus forte dans le sud de la France et dans ce que l'on appelle le « croissant huguenot », un espace qui part de La Rochelle, contourne le Massif central et remonte le long de la vallée du Rhône jusqu'à Lyon et le Dauphiné.

Le premier roi de France à avoir été confronté au protestantisme est François Ier. Il y est dans un premier temps plutôt indifférent. Il est difficile de parler de tolérance de la part du monarque ; s'il le faut, c'est en ayant conscience que sa définition n'est pas celle d'aujourd'hui, en l'occurrence une acceptation sans jugement de valeur d'un mode de vie ou d'une pensée différents. Tolérer au XVIe siècle, c'est accepter un mal qu'on ne peut pas combattre, ce qui est très différent d'un point de vue philosophique. François Ier est donc plutôt indifférent aux premiers groupes luthériens qui apparaissent en France dès les années 1520. L'influence de sa sœur, Marguerite de Navarre (1492-1549), n'est sans doute pas étrangère à cet état de fait : sans que l'on puisse savoir si elle s'était elle-même convertie, elle est très proche de cercles humanistes gagnés aux idées réformatrices.

Progressivement, les relations entre le roi de France et les protestants français évoluent, essentiellement autour de la fameuse affaire des Placards qui a lieu dans la nuit du 18 octobre 1534. Des affiches portant un texte très violent contre « la messe papale » sont en effet placardées dans l'espace royal, au château d'Amboise et, dit-on, sur la porte de la chambre du roi, tout comme dans Paris et plusieurs villes du royaume. Alors que les protestants apparaissaient jusqu'à présent comme des personnes peu dangereuses, subitement, les adeptes des idées nouvelles sont assimilés, et notamment aux yeux du roi de France, à de potentiels agitateurs. Mais les adhérents des idées réformatrices tous confondus en « hérétiques » ou « luthériens » ou « sectateurs » – c'est le langage répressif de la Sorbonne et du Parlement de Paris – deviennent dans l'argumentation du roi, notamment face aux princes protestants de l'Empire, des séditieux et des fauteurs de troubles.

Dans la seconde moitié des années 1530, Jean Calvin (1509-1564) publie sa grande œuvre, *L'Institution de la religion chrétienne*. Il est réfugié à Strasbourg (il a fui le royaume après l'affaire des Placards) et publie ce livre qu'il remaniera tout au long de sa vie, tout d'abord en latin en 1536, puis en français en 1541, ouvrage qu'il dédie à François Ier, tentant de le convaincre du bien-fondé de sa pensée religieuse. Calvin s'installe après quelques péripéties à Genève, et en fait l'un des centres de la propagande réformée, notamment vers le royaume de France – on a parlé de « seconde Rome ».

Le règne d'Henri II est donc marqué par l'installation et le développement du protestantisme de tendance calvinienne et correspond aussi, indéniablement, au durcissement de la répression religieuse. François Ier avait déjà institué une première chambre ardente, sorte de tribunal extraordinaire, mais son fils en crée une autre en octobre 1547, le tribunal du Parlement de Paris en charge des affaires des hérétiques jusqu'en mars 1550.

Plus tard, l'édit de Compiègne du 24 juillet 1557 accentue davantage encore la répression des tribunaux publics, notamment envers les catholiques qui aident ou qui hébergent les protestants. Toutefois, les édits répressifs ne changent rien à la progression du calvinisme en France qui semble, aux yeux de la monarchie, prendre de plus en plus d'assurance. Ainsi, peu après la défaite de Saint-Quentin qui est un traumatisme pour le pays, le 4 septembre 1557, se tient une réunion clandestine de 400 réformés dans une maison de la rue Saint-Jacques à Paris. De nombreux gentilshommes sont présents et, pour Henri II, c'est la preuve d'un complot contre lui et contre l'État. Des prisonniers sont faits même si certains réussissent à fuir et il semblerait que des dames de la cour présentes échappent à la justice grâce à la protection de Catherine de Médicis. En 1558, c'est au Pré aux Clercs, devant l'église Saint-Germain à Paris, que plusieurs milliers de huguenots se réunissent (entre 4 000 et 6 000). L'affaire semble bien plus grave car, si la plupart chantent des psaumes comme il est d'usage lors du culte réformé, certains sont armés. À leur tête, se trouve Antoine de Bourbon (1518-1552), premier prince du sang et père du futur Henri IV. Il est alors protestant (il se convertira de nouveau au catholicisme) et sa présence, alors qu'il occupe une place importante dans le protocole monarchique, choque.

Pour Henri II, c'est une manifestation inacceptable et une provocation. Dans l'histoire du protestantisme français, nous entrons alors dans une des phases héroïques, avec l'apparition des martyrs protestants qui montent sur l'échafaud en chantant des psaumes que Clément Marot a mis en vers et en musique, prouvant ainsi leur fidélité aux dogmes de Calvin. Dans les années 1550, c'est bien le calvinisme qui s'impose comme courant protestant dominant dans le royaume de France, qui donne au protestantisme français une doctrine cohérente et une structure synodale qui lui permettent de survivre dans le monde hostile de la monarchie française. C'est ainsi qu'une centaine de pasteurs sont envoyés depuis Genève dans le royaume entre 1550 et 1560 pour assurer la direction des communautés protestantes. Un peu partout, des Églises calvinistes, c'est-à-dire ayant un pasteur et un consistoire, sont dressées et on estime leur nombre à 1 400 aux alentours de 1561. En 1559, c'est le premier synode national protestant qui a lieu à Paris, et à la fin des années 1550, la division religieuse apparente et visible est évidente : 10 % des Français sont réformés, soit à peu près deux millions de personnes, et 30 % des nobles semblent convertis.

Dans ce contexte de division religieuse interne, la paix catholique de Cateau-Cambrésis est conclue en avril 1559 entre la France, le Saint-Empire romain germanique et l'Espagne. Elle met fin aux guerres d'Italie qui durent depuis le XVe siècle et semble donner la voie libre à Henri II pour réprimer l'hérésie tout en rabaissant considérablement la place de la France sur l'échiquier politique européen. C'est une constante de l'histoire de l'Ancien Régime que de voir un roi qui ne fait plus la guerre contre l'ennemi extérieur se concentrer sur la répression d'un ennemi intérieur, ici et souvent, les huguenots. Ainsi, Henri II promulgue peu de temps après l'édit d'Écouen le 2 juin 1559 et affirme de la sorte son désir de se consacrer enfin à cette lutte contre l'hérétique :

> Chacun a pu voir et connaître que depuis notre avènement à la couronne, nous avons toujours eu en singulière recommandation l'extirpement des hérésies et fausses doctrines. Et comme nous y avons travaillé, quelques affaires et empêchements de guerre qui nous soient survenus, lesquels toutefois ont été si urgents et pressés qu'il ne nous a pas été possible d'y donner l'ordre et la provision que nous avons sur toutes choses continuellement désirés.

Le temps de la répression semble donc advenu. Catherine de Médicis admire le roi mais ne partage pas cette volonté de contrer violemment les protestants. Durant ses premières années à la cour de France, elle s'est fait des amies qui ont montré leur proximité avec des protestants, telles Marguerite d'Angoulême, Marguerite de France (la propre sœur d'Henri II), Madeleine de Mailly, comtesse de Roye, Jacqueline de Longwy, duchesse de Montpensier, Louise de Crusolles, duchesse d'Uzès. Comme elles, Catherine de Médicis pense que persécuter les protestants n'est pas le meilleur moyen pour éteindre l'hérésie calviniste.

Mais un événement bien plus décisif survient dans la vie de Catherine de Médicis en 1559 : le 10 juillet, son époux trouve accidentellement la mort.

LA MORT DU ROI ET L'ENTRÉE EN SCÈNE PROGRESSIVE DE CATHERINE DE MÉDICIS

Avec le traité de Cateau-Cambrésis est prévu le mariage de la fille aînée du couple royal, Élisabeth, avec Philippe II d'Espagne. Rien de plus classique que de renforcer les accords diplomatiques par une alliance matrimoniale princière. Malgré les difficultés financières du royaume qui sort de guerres éprouvantes, les noces sont à la hauteur de l'événement. La cérémonie religieuse a lieu à Notre-Dame, le 22 juin 1559 ; c'est le duc d'Albe qui représente Philippe II, puis suivent de longues festivités au vieux palais de la Cité, quai des Tournelles, ou encore au Louvre. Des banquets, des spectacles, et notamment des spectacles chevaleresques, c'est-à-dire des joutes et des tournois, doivent se succéder. Ces derniers sont particulièrement du goût du roi qui est connu pour son énergie et sa hardiesse à ces jeux. Une partie de la rue Saint-Antoine a été dépavée pour leur permettre d'avoir lieu. Catherine de Médicis n'assiste qu'aux deux premières journées des cinq qui sont prévues, elle n'aime pas tellement ces jeux chevaleresques et les trouve trop dangereux, surtout quand c'est son mari qui y joue, d'autant plus que la veille du troisième jour, elle a fait un cauchemar : dans son rêve, le roi est blessé et sa tête est couverte de sang.

Le vendredi 30 juin, Henri II dispute deux joutes assez rudes contre le duc de Savoie, puis contre le duc de Guise. Le roi semble fatigué, mais il veut continuer. En fin d'après-midi, il décide de défier un lieutenant de sa garde écossaise, Gabriel de Montgomery, un jeune gentilhomme très fidèle. Catherine de Médicis essaie d'empêcher son époux de participer à cette dernière joute car les présages ne lui semblent pas favorables ; mais la rencontre a lieu et s'achève brutalement, puisque la lance de Montgomery frappe brutalement le roi. Ambroise Paré décrit simplement la suite de l'accident :

> Il reçut un coup de lance au corps, qui fut cause lui élever la visiere, et un éclat de contrecoup lui donna au-dessus du sourcil droit et lui dilacéra le cuir musculeux de front près de l'os, transversant seulement jusqu'au petit coin de l'œil senestre et avec ce plusieurs petits fragmens ou esquilles de l'éclat demeurerant en la substance dudit œil sans faire aucune fracture aux os. Donc à cause de telle commotion ou ébranlement du cerveau, il décéda le 11ᵉ jour après qu'il fut frappé.

Le roi blessé est transporté à l'hôtel des Tournelles, proche du lieu de l'accident. Catherine de Médicis reste à ses côtés, interdisant à Diane de Poitiers d'approcher le mourant. Le 10 juillet, Catherine de Médicis devient donc veuve à 40 ans, après vingt-cinq ans de mariage. Son fils, le dauphin François, et Marie Stuart deviennent roi et reine de France. Catherine de Médicis est ainsi réduite au rang de reine mère, promise à une vie effacée après avoir connu un petit rôle politique du temps de son époux. Elle prend alors le deuil définitif, choisit des robes austères et se met à porter un voile sur la tête, ce qui contraste avec les robes chatoyantes de la cour. Son image est alors celle d'une veuve que rien ne peut consoler, compagne éternelle d'un mari défunt.

Âgé de 15 ans, son fils François II est majeur, puisque la majorité des rois est fixée à 13 ans depuis le XIVe siècle. Il demeure toutefois un monarque adolescent qu'il faut accompagner dans la marche du pouvoir suprême. Il se tourne naturellement vers sa mère pour cela et le jour de la mort d'Henri II, il déclare qu'il souhaite gouverner avec elle à ses côtés. Catherine de Médicis n'est sans doute pas décidée à se retirer des affaires mais elle ne veut pas non plus être trop mise en avant. D'autres personnes sont tout autant capables de servir de guides à son fils. Les Lorrains, oncles de la nouvelle reine, et les Bourbons, Antoine, roi de Navarre, et son cadet, Louis, prince de Condé sont aussi des conseillers potentiels. Entre les deux, elle compose et Catherine choisit les Guise : François dirige les armées, le cardinal les finances. Cette délégation de pouvoirs accordée officiellement par François II n'interdit pas à la reine mère de participer à la conduite des affaires, et parmi les décisions prises, la favorite du roi défunt est interdite de paraître à la cour. Diane de

Poitiers doit rendre les présents offerts par Henri. Les cousines échangent d'ailleurs les demeures : Chenonceau revient à Catherine de Médicis, le château de Chaumont à Diane.

Catherine de Médicis fait également cause commune avec les Guise pour écarter leur principal rival, le connétable de Montmorency, que Catherine de Médicis déteste en secret depuis toujours ; les faveurs accordées aux Guise sont évidemment intolérables pour l'ancien favori d'Henri II et il refuse, dit-il, « d'aller après ceux qu'il avait auparavant précédés ». Il quitte le pouvoir pour se retirer dans sa propriété de Chantilly. Catherine de Médicis n'en reste pas là et l'oblige à céder la charge de grand maître au duc de Guise contre la nomination de maréchal à son fils, François de Montmorency, qui est d'ailleurs déjà gouverneur de Paris et de l'Île-de-France. Il ne faut pas perdre de vue que les Montmorency, leurs parents, leurs créatures, restent une puissance dans l'État. Les neveux de l'ancien connétable, les Châtillon, sont titulaires de grandes charges : Gaspard de Coligny (1519-1572) est amiral, François d'Andelot (1521-1569) est colonel général de l'infanterie, et Odet de Châtillon (1517-1571), cardinal, converti sans doute en 1561 à la Réforme.

Mécontents, les princes de sang ainsi mis de côté décident de se réunir à Vendôme, en août 1559. À Antoine de Bourbon, roi de Navarre, et à Condé, se joignent l'amiral de Coligny, ses frères et un représentant de Montmorency. Catherine de Médicis est bien sûr au courant mais ne s'inquiète pas trop car elle les sait désunis. En effet, Condé et François d'Andelot veulent prendre les armes pour reconquérir le pouvoir mais le roi de Navarre et Coligny préfèrent la négociation. C'est cette attitude qui est choisie et Catherine de Médicis arbitre, en bonne négociatrice qu'elle demeure : Antoine de Bourbon accompagnera sa fille Élisabeth en Espagne rejoindre son époux, le roi Philippe II, Condé ratifiera solennellement en Flandre le traité de Cateau-Cambrésis.

La pression semble retomber et les Guise peuvent tenter de faire rentrer de l'argent dans les caisses de l'État, cruellement endetté. Car à ces difficultés entre clans rivaux, il faut ajouter une situation économique difficile, considérablement dégradée à différents niveaux en ce début des années 1560. L'agriculture du XVIe siècle demeure dépendante du climat et si la première moitié du siècle a été relativement douce, la seconde est marquée par un rafraîchissement généralisé en France. Les cultures subissent donc de graves intempéries et les crises de subsistances sont de plus en plus fréquentes, comme la famine de 1562-1563. D'un point de vue monétaire, et à l'échelle européenne, les choses ne sont guère plus réjouissantes puisque l'arrivée massive en Espagne de l'or et de l'argent de l'Amérique a entraîné une grave crise avec une dévaluation de la livre de plus de 50 %. Cela provoque une baisse de revenus chez la petite noblesse alors qu'une lourde fiscalité pèse sur les catégories sociales qui paient taille et impôts indirects. Les Guise sont malgré tout obligés de mener une politique économique impopulaire qui vise à restaurer les finances, à laquelle s'ajoute une continuation de la politique antiprotestante.

Catherine de Médicis a pris la mesure de la force de la Réforme qui a maintenant une organisation, une confession de foi dite de La Rochelle, depuis le premier synode national des Églises réformées de France réuni à Paris en 1559. Mais l'idée la plus importante reste pour elle l'unité du royaume. Il lui semblerait envisageable d'accepter la Réforme, à condition que les protestants soient des sujets loyaux. Hélas, ce n'est pas vraiment le chemin qu'ils empruntent. En effet, nous sommes en mars 1560 et la conjuration d'Amboise est en passe d'être découverte : à l'initiative de Louis de Bourbon, le prince de Condé, futur chef militaire officiel du parti protestant, émerge l'idée d'emprisonner les Guise, accusés de retenir captif le jeune roi. Il veut également constituer un nouveau conseil avec la participation des états généraux, puisque le roi est trop jeune pour agir seul. Mais les conjurés sont trahis, le projet est déjoué par les Guise et Catherine de Médicis, qui pensait qu'il ne s'agissait là que de rumeurs, se voit bien obligée de se rendre à l'évidence : un complot est fomenté par certains protestants. En projetant de délivrer le roi de l'influence des Guise par la force, les rebelles se sont rendus coupables du crime de lèse-majesté et une partie d'entre eux est pendue aux créneaux et aux portes du château d'Amboise. La conjuration d'Amboise est d'autant plus douloureuse à la reine mère qu'elle menace sa politique d'apaisement, à peine entamée. En effet, le 8 mars, elle a fait signer à son fils l'édit d'Amboise qui assure un pardon général à toutes les personnes impliquées par le passé dans les affaires d'hérésie : tous les prisonniers protestants devaient être relâchés, les affaires judiciaires en cours suspendues. La discordance entre l'édit et la conjuration est totale : les conjurés sont pour la plupart exécutés violemment.

Malgré la conjuration, Catherine de Médicis souhaite ardemment parvenir à une entente entre catholiques et réformés, et elle inspire un second édit favorable à ces derniers en mai 1560. Elle persiste dans cette voie et pour agir avec efficacité elle obtient du roi, le 30 juin, la nomination de Michel de L'Hospital au poste chancelier de France. Cet homme de 47 ans a été conseiller au Parlement et président de la chambre des Comptes, c'est un juriste avec une formation solide, un fin lettré et un humaniste. Il est catholique convaincu mais demeure profondément attaché au droit des consciences et estime que la coexistence de deux religions, si difficile à obtenir, doit se construire par une politique active de concorde civile. Catherine de Médicis s'obstine dans la voie de cette concorde alors que tous les observateurs, catholiques comme protestants, s'accordent à relater que pendant l'été 1560 des actes de vandalisme contre les églises catholiques du Midi se multiplient : on s'en prend à des prêtres, des complots sont découverts, en Anjou, en Provence, en Guyenne et en Languedoc. Tous recommandent la répression, mais Catherine de Médicis persiste dans une attitude pacifiste. Elle est en cela aidée par Michel de L'Hospital qui rejette comme elle la violence. Et c'est d'ailleurs avec cet impératif qu'ils parlent aux états généraux d'Orléans qui s'ouvrent, le 13 décembre 1560, par un discours du chancelier de France dont cet extrait est resté célèbre :

> Tu dis que ta religion est meilleure. Je défends la mienne. Lequel est le plus raisonnable : que je suive ton opinion ou toi la mienne ? Ou qui en jugera, si ce n'est un saint concile ? Ôtons ces mots diaboliques, noms de partis, factions et séditions, luthériens, huguenots, papistes, ne changeons le nom de chrétiens.

C'est dans ce contexte national tendu que la santé du roi, souvent fragile car il souffre d'une maladie chronique de l'oreille, devient préoccupante. Le 17 novembre, il est pris de malaise et commence à avoir de la fièvre, l'ambassadeur espagnol Thomas Perrenot de Chantonnay expliquant que « la maladie du roi est un catarrhe qui s'écoule par une oreille et que l'humeur lui vient aux yeux de sorte qu'on craint une putréfaction et un apostume [une tumeur] dans la tête ». Catherine de Médicis et Marie Stuart se relaient à son chevet et, le 5 décembre, le jeune roi François décède, faisant de son frère cadet, Charles, le nouveau roi de France. Marie Stuart rend les joyaux de la couronne et Catherine de Médicis, dont le second enfant mâle n'a que 10 ans, s'apprête donc à exercer pleinement le pouvoir en tant que régente.

Elle l'avait déjà été au moment des absences de son mari mais plus symboliquement que factuellement. Cette fois, c'est différent : le roi est présent à ses côtés mais il n'est pas encore en âge de régner par lui-même. Sans que cela soit automatique, l'usage veut que la régence soit souvent confiée aux mères des jeunes rois et, ainsi, Catherine de Médicis devient mère du royaume, pendant d'une certaine manière de la figure patriarcale du monarque. Les reines, par leur sacre, bénéficient de tous les signes extérieurs de la royauté. Catherine de Médicis a reçu les mêmes attributs, les *regalia*, que le roi – même si la souveraineté est évidemment aux mains des héritiers mâles. Elle connaît donc les grandes cérémonies monarchiques qui marquent l'appartenance au trône (les sacres, les entrées, les funérailles) et elle incarne, comme le roi, la royauté souveraine. La régence implique donc une délégation instantanée de l'autorité limitée dans le temps.

La mission confiée à la reine mère, en période de minorité royale, est *a priori* claire : assurer la bonne tenue des affaires du royaume jusqu'à la majorité du roi, avec des conseillers (le roi de Navarre, le cardinal de Bourbon, le Connétable et d'autres gens expérimentés). La régente forme donc avec son fils un couple inséparable : elle n'existe que par lui et n'exerce le pouvoir que pour le lui confier le lendemain de son treizième anniversaire. Sa nature de mère est une forte garantie à la conservation intacte de son pouvoir et à la défense de son royaume. Une mère veut forcément le bien de son enfant. Éducatrice, préceptrice, la régente influence la source même de l'autorité. Elle va même jusqu'à coucher dans la chambre du roi ou à proximité pour éviter que ce dernier soit importuné. À cela, il faut ajouter l'amour que le roi porte à sa mère, qui crée une subordination supplémentaire du jeune monarque. Les sources indiquent que Catherine de Médicis a continué à exercer une forte influence sur ses fils, même après leur majorité. La puissance de la relation filiale est un moteur d'action de Catherine et elle le mobilise constamment. L'historienne Fanny Cosandey rappelle que sa correspondance montre qu'à chaque fois qu'il est question du souverain, elle écrit le « roi, mon fils », « soulignant qu'elle n'intervient dans les affaires de l'État qu'au titre de reine mère, titre qu'elle conserve jusqu'à sa mort, bien au-delà du terme légal de la régence. » Elle est donc régente, ou plus exactement, le Conseil lui décerne le titre de « gouvernante de France » le

21 décembre 1560. La présidence du Conseil du roi revient à Catherine de Médicis, lui donnant l'autorité d'accorder les audiences aux ambassadeurs, nommer aux charges et aux offices. Elle souhaite également maîtriser toutes les informations qui sont adressées au roi, toutes les missives qui sortent du palais. C'est pour elle le cœur de l'exercice du pouvoir et elle en exige la maîtrise : « Je veux, dit-elle, que les plis soient adressés premièrement à moi. » Elle lit les lettres du roi avant qu'elles ne partent et les accompagne de ses propres remarques.

Ce même mois de décembre 1559, s'ouvrent les états généraux d'Orléans qui avaient été convoqués par le roi défunt. Ils sont décisifs pour la régente et Michel de l'Hospital, puisque ce dernier obtient que les questions religieuses soient débattues lors d'un prochain colloque et que la reine empêche la noblesse et le tiers état de discuter des limites du pouvoir royal. C'est pour eux une manière de faire avancer la cause de la concorde civile qu'ils défendent l'un et l'autre. Lors de la clôture des états généraux, Catherine de Médicis rappelle son refus de réprimer le protestantisme et elle l'exprime à son ambassadeur en Espagne en ces termes :

> Nous avons durant vingt ou trente ans, essayé le cautère pour arracher la contagion de ce mal [l'hérésie] d'entre nous et nous avons vu par expérience que cette violence n'a servi qu'à le croître et le multiplier, d'autant que par les rigoureuses punitions qui se sont continuellement faites en ce royaume une infinité de pauvre peuple s'est confirmé en cette opinion jusqu'à avoir été dit de beaucoup de personnes de bon jugement qu'il n'y avait rien plus pernicieux que l'abolissement de ces nouvelles opinions que la mort publique de ceux qui les professaient, puisqu'il se voyait que par ces punitions elles étaient fortifiées.

Pour guérir de l'hérésie, poursuit-elle, « il faut changer de médicament ». Cette métaphore médicale se retrouve également dans les positions de Michel de L'Hospital. Ils sont bien l'un et l'autre à l'unisson. Certains prennent cette politique pour une forme de faiblesse, mais la régente juge que c'est la seule façon d'éviter une guerre civile que la France ne peut pas se permettre tant le pays est déjà dans une situation difficile d'un point de vue économique et social. Aidée par Michel de l'Hospital, elle entame une politique de réconciliation. La première étape est la réunion d'un colloque dont l'objectif est l'entente entre catholiques et protestants. Catherine de Médicis a résisté aux tentatives de faire échouer cette rencontre, affirmant qu'il était du devoir du roi d'entendre tous ces sujets, fussent-ils protestants. Du 9 septembre au 14 octobre 1561 se tient donc le colloque de Poissy dans le prieuré royal Saint-Louis. Il rassemble des prélats catholiques et des ministres de culte protestant ainsi que des théologiens qui doivent tenter de se rapprocher pour rétablir l'unité religieuse du royaume. Les catholiques sont représentés par le cardinal de Tournon, le général des Jésuites et le cardinal-légat d'Este, le représentant du pape. Calvin, quant à lui, ne s'est pas déplacé et est représenté par Théodore de Bèze. L'arrivée de ce dernier à Paris, le 23 août, est l'occasion pour certains protestants, tels Coligny ou son frère Odet, de manifester leur joie à l'idée de l'entendre, faisant écrire au curé Claude Haton que les ministres « furent mieux reçus à la cour que n'eût été le pape à Rome ».

Les principaux désaccords entre catholiques et protestants portent sur la signification de l'Eucharistie ou encore sur la représentativité des Jésuites. Les doctrines théologiques opposées sont énoncées mais c'est sur la nature de l'Eucharistie et sur la question « comment le Christ manifeste-t-il sa présence lors de cette célébration ? » que le désaccord est le plus fort. L'assistance s'émeut particulièrement après avoir entendu de Bèze affirmer que « Le corps du Christ est éloigné du pain et du vin autant que le plus haut ciel est éloigné de la terre. » Catherine semble elle-même contrariée de ces paroles sans que personne ne bouge toutefois. À l'évidence, les dissensions sont trop importantes et le colloque échoue ; il semble donc trop tard pour parvenir à une entente théologique entre les deux branches chrétiennes. Le rêve d'une conciliation théologique possible est définitivement clos.

Catherine de Médicis ne ferme pourtant pas la voie de la conciliation politique et malgré cet échec, elle fait signer au roi l'édit du 17 janvier 1562, qui installe en France une courte période d'acceptation du protestantisme. Il accorde aux huguenots la liberté de conscience et de culte dans les faubourgs des villes fortifiées ainsi qu'à l'intérieur des maisons particulières. En échange, ces derniers doivent renoncer aux lieux et objets de culte dont ils s'étaient emparés. Le texte confirme ainsi la légitimité d'une Église réformée indépendante et consacre l'existence de deux confessions sur le sol de France ce qui est tout à fait unique pour le temps, et sans doute est-ce là l'édit le plus favorable jamais obtenu d'un point de vue des libertés pour les huguenots. Les longues discussions au sein du Parlement de Paris pour parvenir à son enregistrement montrent que les dispositions prévues ne satisfont pas tous les conseillers et avec eux nombre de Parisiens et de catholiques. Les parlementaires résistent, leurs remontrances sont fermes, et la rumeur prétend que Catherine de Médicis a même dû se déplacer à Paris avec le roi, à la mi-février, pour exercer une pression sur leur travail. Le 5 mars, « par nécessité du temps », le Parlement se soumet et le registre du conseil mentionne le lendemain « Ce jour du matin a esté publié l'edict du roy contenant permission aux gens de la nouvelle religion de faire presches. »

Malgré la volonté d'apaisement, l'édit met le feu aux poudres. Les catholiques les plus fervents y voient la reconnaissance insensée par la couronne d'une hérésie et une trahison aux obligations de défendre l'Église catholique. Quant aux protestants ils ne souhaitent pas rendre ce qu'ils ont pris. Les deux camps attendent l'occasion de déclencher les hostilités. Elle se présente aux Guise, le 1er mars 1562, lors du massacre de Vassy. En représailles, les princes de Condé, chefs militaires des réformés, entrent dans Orléans pour y faire l'une de leurs places fortes, interdisant tout catholicisme.

CATHERINE DE MÉDICIS FACE AUX GUERRES DE RELIGION

Par convention, le massacre de Vassy de mars 1562 est considéré comme le début des « guerres de Religion », appelées par les contemporains les « troubles » ou « guerres civiles ». Or la vraie rupture sur le plan politique a lieu lors de la mort accidentelle d'Henri II, qui crée indéniablement une faiblesse du pouvoir que Catherine de Médicis tente de combler. Sur le plan religieux, les violences ont commencé plus tôt également avec, par exemple, l'arrestation du conseiller au Parlement de Paris, Anne du Bourg, en 1559. Calviniste, il montre ouvertement son opposition à la politique antiprotestante d'Henri II. La mort de ce dernier avant le procès de du Bourg n'arrête rien de la procédure en cours contre lui et le parlementaire est pendu comme hérétique et brûlé publiquement en place de grève le 23 décembre de la même année, devenant par là-même l'un des premiers martyrs huguenots. Sans relater en détail tout le contexte historique, complexe, des guerres de Religion, il est nécessaire d'y revenir quelque peu pour comprendre la place de Catherine de Médicis dans ce moment de forte crise de l'histoire de France.

Un premier point à considérer est l'entremêlement entre diverses questions, religieuse, politique et sociale. En effet, au-delà d'une opposition religieuse entre catholiques et protestants, nous avons aussi affaire à une opposition clanique entre rivaux politiques. Dès la mort d'Henri II, les principales forces politiques royales sont en place. Du côté catholique, le clan des Guise domine le Conseil royal sous le règne de François II, époux de Marie Stuart, apparentée aux Guise. Ils ont écarté le groupe autour de la famille Montmorency et enlevé au connétable de France, au gouverneur du Languedoc et à Anne de Montmorency la charge de grand maître d'hôtel. Ils ont également éloigné de la cour ses neveux de la maison de Châtillon, tous protestants (parmi eux, Gaspard de Coligny, amiral de France). Puis, à partir de la régence, les Guise sont à leur tour écartés. Et chaque clan veut retrouver sa place auprès du jeune roi et de sa mère.

D'autres forces sociales se mobilisent sur fond de conflictualités religieuses. Les paysans, surtout dans le Midi et en Normandie, refusent de payer la dîme ecclésiastique. Le but stratégique des premières guerres est la conquête des villes, champ d'expérimentation du nouvel ordre politico-religieux des calvinistes. Il fait resurgir du côté catholique d'autres forces : un radicalisme urbain, bourgeois, à côté des partis nobiliaires dont l'objectif est de créer une nouvelle Jérusalem, la cité de Dieu. Il faut également compter avec l'intervention des puissances étrangères. Les nobles protestants cherchent le soutien du Saint-Empire, des Pays-Bas ou de l'Angleterre où règne, depuis 1559, Élisabeth Ire qui fixe véritablement l'anglicanisme dans ce pays. À l'inverse, l'Espagne et le Saint-Siège, les alliés naturels de l'Église catholique, font pression sur le pouvoir royal pour extirper l'hérésie. C'est autour de ces différentes forces que se jouent les conflits que l'on appelle « guerres de Religion » et qui vont durer incessamment jusqu'à la signature de l'édit de Nantes en 1598, avec une reprise des conflits plus localisés dans les années 1620.

Du massacre de Vassy en 1562 au dépôt des armes par les Ligueurs en 1598, les historiens dénombrent huit guerres, suivies de signatures de traités de pacification. La période alterne ainsi entre oppositions armées et moments de répit accordés par des édits, dont le dernier du siècle sera l'édit de Nantes, signé par Henri IV. De manière générale, on s'accorde à reconnaître que les protestants sont perdants sur le front, mais gagnants « par les écrits » comme se plaint Blaise de Monluc.

On peut voir ici la marque de la politique de conciliation que tente vainement de mener Catherine de Médicis pendant les années 1560. Les hérauts des partis confessionnels perdent la vie au cours des trois premières guerres : François de Guise en 1563, Anne de Montmorency en 1567, Louis de Bourbon, prince de Condé, en 1569. Le pouvoir royal est pris en tenailles, à l'intérieur par les partis confessionnels, à l'extérieur par des sollicitations antagonistes : celle de l'Espagne d'extirper l'hérésie, celle des rebelles des Pays-Bas de les soutenir afin de constituer un contrepoids face aux Habsbourg.

Enfin, le dernier point à retenir de ces guerres, est qu'elles sont l'occasion de violences extrêmes de la part des deux camps. Elles reposent sur une haine profonde de l'autre considéré comme l'ennemi de la vraie foi. Toutefois, les violences commises par les fidèles des deux confessions chrétiennes se distinguent. Les réformés professent leur foi publiquement par des chants de psaumes, mais aussi par une vie qui se veut exemplaire. Ils défient les pratiques et les symboles catholiques : profanation de l'hostie, provocation des participants aux processions catholiques, mutilation des reliques, destruction des images jugées idolâtriques. C'est ce que l'on appelle l'iconoclasme huguenot, qui a d'ailleurs été présent dans nombre de pays de la Chrétienté occidentale dès les débuts de la Réforme. En France, il est particulièrement actif, et souvent très organisé, dans les villes du Sud du royaume où le sac des églises est volontiers pratiqué par les communautés réformées. Ces violences protestantes ne se limitent pas toujours à la destruction des symboles et des biens : on insulte et on bat les participants aux processions du camp catholique, on tue des prêtres comme lors de la Michelade de Nîmes de 1567.

La violence catholique vise elle aussi la purification mais en prenant une autre voie : en chassant les infidèles, en les tuant s'il le faut, le monde peut être sauvé de la « pollution » de l'hérésie. De là viennent les atrocités de la violence populaire catholique qui tentait d'anéantir totalement l'hérétique, suppôt de Satan. Les corps des protestants ne sont pas simplement tués, les cadavres sont aussi mutilés, jetés en pâture aux chiens, brûlés, exhibés… Ces mutilations ne peuvent évidemment être comprises comme les signes d'un état primitif ni d'un sadisme populaire. La présence de l'autre, de l'ennemi religieux, fait donc monter les tensions, tourne facilement à la provocation. Ainsi, dans Paris avant la Saint Barthélemy d'août 1572, il règne un climat de haine, de violence au quotidien contre les huguenots, consciemment entretenu par les prêcheurs radicaux des ordres mendiants. Si l'on peut se faire, avec les historiens Natalie Zemon Davis et Denis Crouzet, une raison religieuse et psychique de ces violences, il reste que d'autres facteurs interviennent aussi, car ces violences sont commises dans un contexte historique concret. La violence religieuse mêle à un contentieux politique et social une critique populaire de la tiédeur religieuse des élites. On fait aisément l'amalgame entre les riches et les « hérétiques », entre persécution et pillage. Le contentieux s'accumule évidemment dans le temps avec les tentatives des différents édits de réintégrer les huguenots dans leurs villes et de leur restituer leurs biens.

Dans ce contexte de tensions extrêmes, Catherine de Médicis veut éviter la guerre civile mais n'y parvenant pas, elle s'y engage avec méthode, affirmant son autorité pour garder les zones stratégiques, mobilisant les levées d'hommes, concentrant des forces autour des villes qu'il faut reprendre aux huguenots. L'offensive des calvinistes en 1562 (à l'instigation de Louis de

Condé) est ainsi suivie, très rapidement, d'une reprise de la plupart des villes par les troupes catholiques comme à Rouen, Tours, Blois, Sens ou encore Angers. Sont également récupérées après une brève domination calviniste les villes de Lyon, Grenoble, Valence, Orléans ou Gaillac. D'autres villes enfin restent dans un certain degré, selon les règlements des édits, calvinistes : c'est le cas de Montauban, La Rochelle, Nîmes, Sancerre, Nérac, Castres, des villes du Béarn par exemple. Catherine de Médicis se conçoit dans ces opérations militaires comme un chef de guerre, c'est en tout cas ce qu'elle écrit à Antoine de Navarre : « Vous verrez par l'ordre que j'ai donné que je suis un bon capitaine. » Elle remplit son devoir de défense du royaume (après tout, les armées protestantes s'en prennent à celles du roi), adoptant une attitude nuancée en fonction des situations. Tantôt, elle prône le pardon des protestants une fois la victoire actée, demandant par exemple à Blaise de Montluc de ne pas saccager les maisons de gentilshommes huguenots car : « Cela n'apporte rien de bon au service du roi et ne fait que désespérer les hommes davantage. » Tantôt, elle ordonne la punition, en particulier celle des chefs rebelles à l'ordre public. Les troupes restent très souvent épargnées : « Tout ce pauvre peuple qui a été abusé […] Il n'est pas raisonnable d'éteindre les choses jusqu'à l'extrémité […] Quand les chefs sont punis, on se doit contenter, car de vouloir tout châtier l'on n'aurait jamais fini. » Évidemment, la reine n'est pas toujours écoutée et, souvent, la victoire des catholiques est suivie de violences commises sur les huguenots.

La reine mère ne désespère pourtant pas de réconcilier les deux branches chrétiennes et poursuit inlassablement cette politique. Elle est sans doute consciente de l'impossibilité de la tâche quand elle écrit : « Quand je pense être hors de ces troubles, il n'y a je ne sais quel malheur qui nous y remet. » Et parfois le malheur est grand. Ainsi, le traité de Saint-Germain de 1570, qui met fin de la troisième guerre, est avantageuse pour les huguenots. La liberté de conscience et la liberté de culte leur sont accordées dans les lieux où ils étaient pratiqués avant la guerre, dans les faubourgs de deux villes par gouvernement et dans les chapelles des seigneurs hauts justiciers. Les protestants obtiennent en outre, pour deux ans, quatre places de sûreté : Montauban, La Rochelle, Cognac et La Charité. Et ils retrouvent leurs biens et leurs fonctions. Les catholiques considèrent les acquis protestants particulièrement avantageux mais Catherine de Médicis tient à confirmer l'entente entre les deux confessions chrétiennes. Elle envisage donc un mariage entre sa fille Marguerite et Henri III de Navarre, chef des huguenots. Catherine de Médicis avait espéré pour sa fille de respectables alliances avec le roi d'Espagne, avec l'archiduc Rodolphe de Habsbourg, ou encore le roi Sébastien du Portugal... Aux yeux des catholiques et des protestants, il s'agit plutôt là d'une mésalliance mais ce mariage « contre nature » aux yeux de tous est célébré quand même, le 18 août 1572. Catherine de Médicis, tout à son désir de réunir les partisans des deux camps, n'a sans doute pas mesuré le climat survolté qui entoure les préparatifs de ce mariage. À l'opposition farouche des catholiques, qui dénoncent l'union comme « un accouplement exécrable », s'ajoute la montée en puissance de la rivalité haineuse entre les Coligny et les Guise. La suite est connue : les noces sont le prélude à la Saint-Barthélemy, massacre dont nous reparlerons.

Il lui faut bien, parfois, se rendre à l'évidence et si Catherine de Médicis a, dans un premier temps, été soucieuse de concorde, au détriment par moments des catholiques, elle devient progressivement plus attentive à leurs sollicitations, comme à celles de Philippe II d'Espagne. Le signe en est notamment le renvoi du chancelier de L'Hospital, considéré comme trop modéré, qui doit rendre les sceaux à la fin du mois de juin 1568. Le cardinal de Lorraine prend sa place. Elle n'oublie pas pour autant l'importance de pacifier le royaume et garde l'espoir de pouvoir faire « vivre ensemble » catholiques et protestants de France.

Malgré la fin de la régence, Catherine de Médicis reste donc au pouvoir au-delà des treize ans de son fils. Le 17 août 1563, jour de la proclamation de sa majorité, Charles IX déclare au sein du Parlement de Rouen : « Madame, votre autorité sera plus reconnue qu'elle ne l'a jamais été en mon royaume. Et je ne ferai jamais rien sans votre avis. » Le 23 octobre de la même année un règlement indique que la reine mère demeure la première à ouvrir les nouvelles apportées par les secrétaires d'État et, tout comme par le passé, toutes les lettres signées par le roi sont, avant de partir, visées par elle. Son autorité reste forte et elle manœuvre habilement pour s'entourer de personnes de confiance au sein des différents conseils. Si les premières années après la majorité de Charles IX sont relativement tranquilles et l'occasion notamment de faire découvrir le royaume à son fils, les tensions commencent à être de plus en plus palpables, en particulier à partir de 1566 et la révolte des Pays-Bas, dans laquelle Catherine de Médicis choisit la non intervention. La surprise de Meaux s'inscrit dans ce contexte d'exacerbation de l'agitation huguenote : un complot se trame pour enlever le roi, sa mère et la famille royale, tous présents au château de Montceaux-en-Brie où ils passent la fin de l'été 1567. Catherine n'a pas pris au sérieux les informateurs venus l'avertir de cette rumeur et elle écrit le 19 septembre :

> Depuis trois jours nous sommes arrivés en ce lieu en intention d'y faire quelque séjour, y étant tout le conseil assemblé, afin de donner ordre aux affaires qui se peuvent présenter, encore que tout soit maintenant, Dieu merci, autant paisible que nous saurions souhaiter.

Pourtant, il faut bien se rendre à l'évidence lorsqu'une troupe de cavaliers attaquent les cités toutes proches. Catherine et toute la cour se réfugient alors dans la ville de Meaux avant de regagner Paris, escortés par l'armée suisse, le 28 septembre. La colère du roi à l'égard des huguenots est totale et Catherine perd patience, donnant ordre pour ceux qui sont « opiniâtres » de les « mettre en pièces sans en épargner un seul, car tant plus de morts, moins d'ennemis. » La deuxième guerre de Religion est enclenchée et elle n'est pas la dernière…

Dans ce contexte d'alternance de périodes de conflit et de paix, un élément demeure intangible : la santé de Charles IX le rend souvent incapable de gouverner. Des épisodes de fièvre réguliers le clouent au lit et tous les observateurs remarquent qu'ils sont de plus en plus fréquents. Pierre de l'Estoile résume ainsi les derniers moments du monarque :

> Le dimanche 30 may, jour de Pentecoste 1574, sur les trois heures après midi, Charles IXe, Roy de France, atténué d'une longue et violente maladie de flux de sang, à raison de laquelle on avoit preveu son decès plus de trois mois auparavant, mourust au Chastel de Vincennes-lès-Paris, aagé de 23 ans onze mois et quatre ou cinq jours, après avoir regné XIII ans six mois ou environ, en guerres et urgens affaires continuels.

Catherine de Médicis perd ainsi un deuxième fils, ayant eu le chagrin également d'apprendre le décès en couches de sa fille Élisabeth en octobre 1568.

C'est donc son fils préféré, Henri, qui devient roi de France à l'âge de 23 ans. Ce n'est ni un enfant, ni un adolescent mais un homme, qui s'est illustré par les armes et règne d'ailleurs sur la Pologne, avec le titre de Henri Ier, depuis son élection en mai 1573. Mais elle prend le titre de régente pour assurer les fonctions de gouvernement jusqu'à son retour. Il rentre en France, dès l'annonce de la mort de son frère, en passant par l'Italie et retrouve sa mère et son jeune frère à Bourgoin le 5 septembre. La régente lui remet son *Mémoire pour montrer à Monsieur le roi mon fils*, document fait de conseils et de directives immédiates. Catherine de Médicis avait déjà rédigé un tel texte pour Charles IX en 1563. A-t-elle joué pour autant le même rôle politique que lors du règne précédent ? Le nouveau roi admire tout ce que sa mère a fait pour le royaume depuis la mort d'Henri II et elle lui est indispensable par son expérience du pouvoir depuis maintenant quinze ans. Mais, désormais, il n'envisage pas de lui laisser la même place, elle peut lui délivrer des conseils, le seul à décider c'est le roi, c'est-à-dire lui. D'ailleurs, contrairement à la tradition souvent rapportée, il a été un roi travailleur, en tout cas au début de son règne. Il souhaite réformer certains postes au sein de l'administration du royaume, et Catherine de Médicis, si elle est ravie de le voir si appliqué à sa nouvelle tâche, comprend bien vite qu'elle va perdre en pouvoir et en autorité.

Cela ne signifie pas pour autant qu'elle ne participe plus à la vie politique du royaume, et son grand art de la négociation est à maintes reprises sollicité par Henri III. Ainsi, après l'édit de Poitiers de septembre 1577 (qui met fin à la sixième guerre civile), il reste à pacifier les provinces du Midi : la Guyenne, le Languedoc, la Provence et le Dauphiné. Les dépêches informent le pouvoir des désordres qui règnent dans ces territoires où les réformés ne respectent pas leurs engagements. Catherine de Médicis se met donc en route pour le Midi, et prétexte pour cela de conduire sa fille Marguerite à son mari Henri de Navarre. Ce sera pour elle l'occasion d'écouter les protestants et de tenter de rapprocher les deux partis. Les deux femmes ne sont donc pas seules pour ce voyage et toute une équipe de conseillers, de secrétaires d'État, d'anciens ambassadeurs les accompagnent, auxquels on a adjoint quatre princes et princesses de Bourbon, parents du roi de Navarre. La duchesse d'Uzès, vieille amie et complice de Catherine de Médicis, est également de la partie. Près de 300 personnes au total, une cour miniature au service de la paix. Partie en août 1578, elle parvient à réunir, en février 1579, les délégués des deux religions à Nérac. Comme le remarque Denis Crouzet, le lieu même de cette rencontre indique l'acceptation du danger par Catherine « dans la mesure où elle sait que dans cette ville qui est la capitale du roi de Navarre, une ville huguenote, elle sera “en la puissance” “de tous ceulx de la religion” et même de certains sur lesquels le roi de Navarre n'a pas d'autorité ». Elle discute opiniâtrement, elle « s'expose », elle écoute les interminables doléances des députés protestants.

Tandis que les exigences des huguenots découragent jusqu'à ses conseillers, elle veille à ne jamais rompre le fil des négociations. Elle alterne douceur et fermeté, elle joue sur sa santé alors défaillante, met en avant son rôle de mère du roi et de ses sujets et parvient à un accord pour faire respecter la paix, jusqu'en 1584 en tout cas, même si la période demeure particulièrement troublée.

Ses fréquents voyages pour pacifier le royaume sont l'une des caractéristiques de sa manière de gouverner, notamment pendant le règne d'Henri III mais pas seulement. Elle se déplace pour négocier, pour rencontrer ses interlocuteurs, pour trouver le compromis et *in fine* décrocher la paix civile à laquelle elle ne renonce jamais vraiment. Elle l'écrit au seigneur de Jarnac en 1563 :

> Je suis continuellement après l'établissement de tout ce qui appartient et dépend de notre pacification, que ce n'est pas que d'un jour, comme vous pouvez bien penser, après tant de calamités, de ruines et de dommages reçus par les peuples et tant de volontés offensées et irritées qu'elles ne se réconcilient pas du premier coup ; au moyen de quoi, j'envoie mes cousins, les maréchaux de ce royaume, pour aider et parachever ledit rétablissement et faire nettoyer le pays d'une infinité de voleurs qui ne se pouvaient réduire sans le couteau.

Peu après la rédaction de cette missive, elle fait ainsi un grand tour de France avec le jeune Charles IX dont nous parlerons. Voyager c'est apprendre l'art de gouverner, c'est gouverner tout simplement. Même dans les années 1580, alors qu'elle est bien moins jeune, elle continue ses périples, seule cette fois-ci, et laissant son fils Henri III gouverner avec ses créatures, comme le duc de Joyeuse et le duc d'Épernon. Elle part dans l'est du royaume pour discuter avec les Guise et dans le sud-ouest pour rencontrer son gendre Henri, roi de Navarre. Parfois, les déplacements sont moins longs mais pas moins symboliques. Comme en mai 1588, lors de la journée des Barricades à Paris, qui est une rébellion à l'initiative des Ligueurs que l'on nomme « les Seize » : elle n'a pas peur d'affronter la foule en parcourant les rues. Son objectif est toujours le même : parvenir à un apaisement, le grand axe de sa politique tout au long du règne de ses deux fils Charles IX et Henri III. Infatigable, elle approche pourtant, sans le savoir évidemment, en ce printemps de l'année 1588, de la fin de sa vie.

III

UNE FEMME DE LA RENAISSANCE

La perte accidentelle de son mari coïncide avec la période de l'ascension politique de Catherine de Médicis, et partir de 1559, elle devient l'une des rares femmes de premier plan dans l'histoire politique française. Si les affaires de l'État et la destinée de ses fils occupent beaucoup la reine mère, son existence est aussi tournée vers d'autres préoccupations, parfois mobilisées il est vrai pour renforcer son pouvoir et celui de sa famille. Elle est ainsi passionnée par les arts, dans toute leur diversité, en ce temps de Renaissance marqué par la profusion architecturale, technique et picturale. Cette grande bâtisseuse prolonge souvent ses demeures par des jardins qui deviennent des lieux de représentation du pouvoir à part entière. Elle est également consciente de l'importance de la culture, de l'écrit et de l'éducation dans l'art de gouverner.

PATRONAGE ET MÉCÉNAT ACTIFS

Les connaissances historiques sur la place des femmes de l'aristocratie à la Renaissance ont beaucoup progressé ces dernières années et les plus récentes ont montré qu'au XVIe siècle, avec la reine de Navarre Marguerite d'Angoulême, la sœur de François Ier, Catherine de Médicis a participé à l'élévation culturelle de la cour de France. Parmi ses activités importantes, il faut noter la place centrale qu'elle occupe dans le patronage et le mécénat artistique. Elle s'impose comme l'un des premiers souverains de France à introduire, dans le mécénat royal, des projets de palais, de jardins modernes de grande ampleur, de grandes fêtes de cour, des ballets, des orchestres avec violons. Évidemment, il est difficile de ne pas faire le lien avec ses antécédents familiaux. Petite-fille de Laurent le Magnifique, grand mécène florentin, elle a l'expérience de l'architecture de la Renaissance italienne, notamment à Rome où elle a résidé pendant plusieurs années auprès de son grand-oncle Clément VII. Elle a été impressionnée par l'échelle grandiose des monuments italiens et par les parcours dans les jardins qui magnifient la ville éternelle. Indéniablement, la période est propice pour les plus grands à user de l'art à des fins personnelles.

En effet, certaines des caractéristiques artistiques de la Renaissance facilitent la glorification du pouvoir politique, comme le recours à des motifs antiques : les métaphores mythologiques s'utilisent pour montrer la grandeur, la force, la beauté des commanditaires. Il est donc important de comprendre que les puissants du XVIe siècle instrumentalisent l'art, même si cela n'empêche pas certains d'entre eux d'être par ailleurs de vrais amateurs et de grands connaisseurs. La Renaissance et la glorification du pouvoir des princes, qu'ils relèvent du religieux, comme les papes, ou du temporel, comme les rois – et notamment du roi de France –, vont donc de pair, et cela s'exprime particulièrement dans le mécénat. Le mécène passe commande à l'artiste, la plupart du temps en vue de glorifier sa propre puissance. Ainsi, les rois et les princes de cette période ont souvent été parmi les grands commanditaires artistiques, à l'exemple de François Ier, dans l'entourage duquel Catherine de Médicis a également beaucoup évolué à son arrivée en France en 1533.

Le goût de Catherine de Médicis pour les arts de la Renaissance s'exprime tout d'abord dans le domaine architectural, le plus imposant, le plus visible dans le paysage. Dans la lignée de ses ancêtres, elle conçoit les bâtiments comme des relais d'expression de la puissance du prince : ils sont faits pour être vus, pour montrer la grandeur du monarque et sont donc conçus dans leurs formes comme une métaphore du pouvoir. Elle monte ses premiers projets, avant la mort du roi Henri II, laissant transparaître son amour pour l'art de bâtir dans le château de Montceaux, situé dans l'actuelle Seine-et-Marne, près de la ville de Meaux. Pour cela, elle fait appel à l'un des grands architectes français de la Renaissance, Philibert de l'Orme ou Delorme (1514-1570) qui, en 1548, a reçu d'Henri II la charge de surintendant des bâtiments royaux, de Fontainebleau ou de Saint-Germain. Elle se situe donc pleinement dans la lignée de son mari. Delorme construit un pavillon avec une grotte artificielle, c'est-à-dire une salle souterraine avec de l'eau qui est alors un élément très en vogue et dont une des prestigieuses réalisations est le palais de la Grotte de Charles de Guise, le cardinal de Lorraine, à Meudon (cet ensemble a été réalisé par Le Primatice). Le nouveau pavillon ainsi orné permet de surplomber et donc d'observer un jeu de mail, sorte d'ancêtre du golf ou du croquet, en contre-bas. Pour Sabine

Frommel, les façades du château de Montceaux mêlent « un socle rustique à un grand ordre somptueux, l'un des premiers témoignages des pilastres colossaux en France » ; mais nous ne sommes encore qu'au début de l'impressionnant programme de grands chantiers que Catherine de Médicis engage à partir de son veuvage faisant d'elle « une des grandes bâtisseuses de la seconde moitié du XVIe siècle ».

L'impulsion de cette politique de grands travaux est surtout visible après les décès d'Henri II et de son premier fils, François II. Les châteaux qu'elle fait construire ou transformer deviennent des chantiers d'expression de ses choix architecturaux qui sont parfois très différents de ceux de son mari. Ne serait-ce que par les personnes sollicitées pour les suivre. Ainsi Philibert Delorme est remercié et elle confie le poste de surintendant des bâtiments du royaume à Francesco Primaticcio, Le Primatice, peintre décorateur, architecte et sculpteur. Faut-il voir ici les marques de son attachement à l'Italie ? Peut-être, mais Delorme était très proche de Diane de Poitiers et Le Primatice était déjà en France depuis de le début des années 1530 et il devient, en particulier à la mort de Rosso, l'un des maître de l'École de Fontainebleau. Dans le château qui porte le même nom, il a ainsi décoré la Porte dorée avec de nombreuses scènes mythologiques ou les plafonds de la salle de bal. Il est certain toutefois que ce qui se fait en Italie intéresse la régente et qu'elle ne souhaite pas en rester à ses souvenirs lointains d'enfant. Elle envoie ainsi son intendant en Italie en 1562, où il doit voir – et peut-être s'inspirer – des grands chantiers à Plaisance, à Caprarola sans doute où les Farnèse font construire. Elle souhaite ardemment les dernières avancées architecturales pour la cour de France et demande au grand-duc de Toscane certains dessins de l'extension du Palacio Pitti, entrepris à partir de 1549. Il est évidemment difficile de connaître les tenants et les aboutissants précis de sa volonté dans cette politique architecturale. Ce qui est certain, c'est qu'à partir de 1564 elle commande des travaux monumentaux à Fontainebleau, à Paris, certainement de concert avec son surintendant Primatice.

À Fontainebleau, qui est le lieu d'expression le plus emblématique de la politique artistique des rois François Ier et Henri II, Catherine De Médicis apporte des changements qui prennent le contre-pied de la politique passée : l'entrée principale est déplacée de l'est au sud, ornée d'un portail rustique en forme d'arc de triomphe. À cela s'ajoutent des douves dessinées par Primatice et un pont-levis qui les traverse. L'entrée d'honneur n'est donc plus la même pour les visiteurs, d'autant que l'ordre colossal imaginé par Delorme est remplacé par des formes plus souples avec Primatice. Les inspirations sont sans doute romaines, à l'exemple du palais des sénateurs de Michel Ange. À l'est, la salle de bal, considérablement modifiée sous Henri II, avec des rampes et des travées pour magnifier l'accès au château, s'offre en majesté aux visiteurs.

D'autres chantiers retiennent l'attention de Catherine de Médicis, parmi lesquels le château de Chenonceau qui était réservé, sous le règne de Henri II, à Diane de Poitiers. La favorite du roi avait fait exécuter des travaux sur tout le domaine : elle avait remis en état le château et surtout fait créer le « jardin de Diane » à partir de 1551. Verger, potager, lieu de promenades et de fêtes, le jardin rehausse considérablement la beauté de l'édifice et Catherine y était allée avec le roi et la cour. Mais à la mort d'Henri II, la reine mère passe un accord avec sa cousine pour qu'elle quitte cette demeure et lui donne en échange le château de Chaumont-sur-Loire. Elle commence ainsi les travaux par une extension à Chenonceau qui devient son lieu de résidence préféré : elle y fait bâtir par exemple des galeries au-dessus du Cher.

Le Val de Loire n'est pas le seul territoire où la reine souhaite laisser son empreinte. À Paris également, son activité artistique est très présente sur plusieurs lieux. Tout d'abord, Les Tuileries sont envisagées comme un complément du Louvre qui peut ainsi être augmenté de galeries et de jardins étendus « pour accomoder tant le roi, notre très cher S[ire] et fils que nous ». Il semble que ce soit le jardin surtout qui impulse les travaux aux Tuileries et ceux des bâtiments ne commencent qu'en 1564. L'inspiration est là encore italienne, celle des palais Médicis et elle multiplie les cours et les gradins. Pour les ornements, Catherine de Médicis fait appel à Philibert Delorme, ravi de revenir en grâce auprès de la reine. Le chantier traîne en longueur cependant, faisant écrire à Ronsard : « Mais que nous sert son lieu des Tuileries ? / De Rien, [...] ce n'est que vanité. » Il n'est en tout cas pas terminé au moment du décès de la reine mais il ne faut pas perdre de vue que ces palais gigantesques ont avant tout une vocation politique, sans qu'il soit nécessairement question d'y habiter. Ensuite, au Louvre, elle ne poursuit pas les chantiers qu'avait envisagés son époux qui appréciait beaucoup le bâtiment. L'architecte français Pierre Lescot (1515-1570) avait été chargé de ces travaux par François Ier, en 1546, et Henri II l'avait confirmé dans ses actions avec le percement d'une spacieuse salle de bal, l'élévation d'un étage et la construction d'un pavillon du roi pour admirer les vues de la Seine. Catherine ne reprend aucun de ces projets non encore réalisés à sa mort (notamment celui d'un *cortile*) : elle se borne à la reconstruction partielle de l'aile sud et y fait installer ses appartements. Enfin, dans Paris, elle fait également acheter, en 1583, le vieux manoir seigneurial de Chaillot qui avait été acquis par la famille d'Este. Étienne Dupérac (1520-1604) est chargé de réaliser les plans de « Catherinemont » ou l'« Ermitage » et les travaux commencent avec notamment une cour en forme d'hippodrome. Là encore, à la fin de la vie de Catherine de Médicis, tout n'était pas achevé mais on remarque une nouvelle fois avec cet édifice son profond attachement aux modèles antiques qui ont tant inspiré les constructions des Médicis, comme la villa Madame que son grand-oncle, Clément VII, avait commanditée à Raphaël.

Mais, toujours à Paris, la reine songe à se loger plus « simplement » et à partir de 1571, elle décide de faire construire une nouvelle résidence dans le quartier populaire des Halles. C'est un hôtel particulier, situé rue des Deux-Écus, qui retient son attention et il faut le repenser intégralement pour la reine alors que des lots adjacents sont acquis pour abriter le jardin. Rien d'extravagant architecturalement dans les plans élaborés par Jean Bullant (1515-1578), même si le bâtiment présente une dimension imposante ; cependant, l'Hôtel de la Reine prend une place particulière dans le quotidien de Catherine de Médicis car, comme nous le verrons, il abrite l'essentiel de ses collections exceptionnelles.

Catherine de Médicis, sans que l'on sache toujours si elle suivait tous les chantiers lancés, se distingue ainsi par ses commandes architecturales qui dépassent nettement celles de son mari, et cela n'est pas uniquement imputable à sa plus grande longévité. Henri II n'a pas été un prince bâtisseur aussi original que son épouse et, même de son vivant, il lui a laissé une grande liberté d'action (il a fait de même avec la favorite, Diane de Poitier, et le château d'Anet). Cette passion de Catherine pour l'art de bâtir, cette ambition qui pourrait tendre parfois vers la mégalomanie, est un moyen de pérenniser le pouvoir féminin dans un royaume qui pourtant met les femmes à l'écart d'un véritable règne. Cela est d'autant plus impératif que la reine mère gouverne une France troublée par de graves crises politiques, religieuses et économiques. Même le règne d'Henri III n'est pas serein : il n'a pas d'enfant, ce qui laisse envisager la fin des Valois. Mais l'unité, la prospérité, la grandeur du royaume passe pour Catherine de Médicis par ces monuments à l'ornementation forte, aux lignes courbes qui partent dans un sens puis dans l'autre, qui englobent le visiteur dans un décor théâtralisé où la mise en scène est totale.

Elle construit donc pour le futur mais aussi pour le passé car à côté de ces grands chantiers, Catherine de Médicis développe une politique artistique vouée à la commémoration du roi défunt, Henri II. Cela passe notamment par la réalisation de statues dont l'érection participe pleinement à la toute-puissance du pouvoir, en particulier les statues équestres qui sont présentes dans l'ornementation urbaine depuis l'Antiquité. Ce genre que l'on verra se multiplier à la fin du XVIe et tout au long du XVIIe siècle français a déjà été désiré par Catherine pour Henri II. Une lettre adressée à Michel-Ange, le 30 octobre 1560, permet de suivre le projet et le montant de la transaction (Catherine de Médicis a déjà écrit à l'artiste en novembre 1559) :

> Voulant vous prouver par des effets combien je désire que la statue équestre du Roi mon seigneur soit faite par vos soins

et en due perfection, et que vous n'ayez point de raison de douter (comme votre lettre le montre) que cette œuvre, qui me tient à cœur plus que toute autre chose, me puisse sortir de l'esprit, j'ai fait déposer ici entre les mains de Messer Jean-Baptiste Gondi jusqu'à la somme de 6 000 écus d'or.

La somme est importante, mais les prouesses pour réaliser de telles statues sont grandes et l'on sent, sous la plume de la reine, qu'elle tient à voir ce projet se réaliser. Pour finir de convaincre Michel-Ange, elle fait appel aux liens qui l'unissent aux Médicis :

Ainsi de mon côté, n'ayant plus autre chose à faire, je vous prie, pour l'amour que vous avez toujours porté à ma maison, à la patrie et finalement à la vertu, de vouloir faire, avec toute la diligence et l'assiduité que permettra votre âge, qu'une œuvre aussi digne représente à la fois mon seigneur dans sa vive ressemblance et l'habituelle supériorité de votre art sans rival.

Elle flatte bien entendu l'artiste (qui n'en n'a pas vraiment besoin) et elle décoche une ultime flèche, celle des sentiments, terminant ainsi sa missive : « Par [cette œuvre], vous conserverez longuement la mémoire de mon unique et légitime amour, et je vous en serai aussitôt et très largement reconnaissante. » Michel-Ange est âgé et il confie le dessin réalisé à Daniele de Volterra qui meurt à Rome en 1566 sans avoir terminé la statue. Ce projet n'aboutit donc jamais.

Catherine de Médicis lance également la construction d'un mausolée au nord de l'abbatiale de Saint-Denis, qu'elle confie au Primatice et à laquelle participent aussi les sculpteurs français Ponce Jacquiot (1515-1570) et Germain Pilon (1528-1590). Avec la mort de son fils, le roi François II, en décembre 1560, un an et demi à peine après le décès de son mari, la reine souhaite un projet encore plus ambitieux, car ce décès fragilise aux yeux de l'opinion publique la famille régnante : la rotonde monumentale doit assurer une plus grande légitimité au nouveau roi Charles IX, alors âgé de dix ans. Le projet est colossal, avec une immense rotonde de trente mètres de diamètre imitant la forme circulaire des tombeaux antiques, sous laquelle doivent reposer la sépulture de son mari mais aussi de sa famille, les Valois. L'ensemble est animé par des marbres de différentes couleurs, la coupole rappelle celle du Panthéon de Rome, l'inspiration italienne est donc bien présente et « avec cette construction, Catherine de Médicis aspire à l'emporter sur les chapelles funéraires spectaculaires qui existent déjà, tels les monuments de Charles VIII, de Louis XII, d'Anne de Bretagne, de François Ier et Claude de France », conclut Sabine Fromel.

Ce monument est aussi pour elle une façon d'apparaître définitivement comme une grande bâtisseuse, comme la reine Artémise II, bâtisseuse de l'Antiquité qui aurait fait réaliser pour Mausole, son frère et mari défunt, une sépulture qui compte parmi les sept merveilles du monde, le mausolée d'Halicarnasse. C'est sous ses traits en tout cas que l'illustrateur Antoine Caron (1521-1599), peintre de la cour d'Henri II puis de sa veuve à partir de 1561, représente Catherine dans une estampe, *L'Histoire de la reine Artémise : la reine avec les sculpteurs et les architectes*. Artémise-Catherine examine un dessin que l'un des maîtres lui montre. Dans cette estampe, elle semble prendre une part active aux décisions et à la création artistique elle-même et cette assimilation à la femme de Mausole lui permet de souligner son rôle de garante du royaume de France dans la dynastie des Valois. Comme cette Artémise dans son jardin qui participe à la création artistique, Catherine de Médicis accorde une grande attention à la conception de ses propres espaces verts, qui prennent à la Renaissance une place notable à côté des bâtiments.

LES JARDINS ET LES FÊTES OU L'ART D'ÉBLOUIR

Catherine de Médicis a un vrai engouement pour la richesse ornementale, pour la polychromie, mais également pour la vie simple et pour l'activité sportive de plein air : dans sa jeunesse, elle a été une grande cavalière et aimait chasser. Cet amour de la nature la conduit à porter aux jardins et à tout ce qui se rapporte à la nature une attention particulière. Ainsi, elle fait réaliser une laiterie proche du château de Fontainebleau, la laiterie de la Mi-Voie. Laiterie et amour de la nature qui ont fait écrire en 1564 à Ronsard, alors qu'une fête est donnée par la reine dans le lieu :

> Si nous voyons le siècle d'or refait,
> C'est du bienfait
> De la bergère Catherine.

Pour Laurent Odde, les jardins constituent une « composante majeure » du mécénat de Catherine de Médicis et sont conçus comme un prolongement des bâtiments qu'elle fait construire ou rénover à travers le royaume. Elle est sans doute inspirée par ses souvenirs de jardins fastueux à Florence ou à Rome et elle en fait indéniablement un cadre de sa politique en y organisant de brillantes festivités et des rencontres politiques de premier plan. L'inspiration vient peut-être aussi d'un ouvrage de 1563 qui lui est adressé (ainsi qu'à d'autres protecteurs), *Dessin d'un jardin autant délectable et d'utile invention qu'il en fut onques veu* du protestant Bernard Palissy dans lequel il lui écrit : « Il y a des choses ici qui pourront beaucoup servir à l'édification de votre jardin de Chenonceau. » Cet art des jardins ne touche pas que la reine mère et, de manière générale, les Français qui se sont rendus en Italie à la fin du XVe ou au XVIe siècle ont été impressionnés par les jardins italiens. Il y a, de fait, une mode italienne qui apparaît en France vers 1500 et les jardins se parent de tonnelles, d'orangeries, de fontaines, comme à Blois ou Amboise. Le recours à l'architecture anime les compositions végétales qui répondent, d'une certaine manière, aux compositions architecturales.

Avant 1556, Catherine de Médicis n'a pas vraiment de jardin personnel. Les sources nous apprennent qu'elle acquiert une modeste ferme près de Fontainebleau en 1553. L'aménagement des jardins semble toutefois déjà l'intéresser, Guillaume Fonkenell mentionnant dans sa correspondance une lettre en 1552 qui remercie son cousin, Côme de Médicis, de lui avoir fait présent d'une « belle fontaine » et qu'elle a son propre jardinier à Fontainebleau. Cependant c'est très logiquement, et comme pour les bâtiments, à partir du moment où elle devient gouvernante du royaume de France, qu'elle se lance véritablement dans de grands projets de jardin. À Paris, ce sont les chantiers du jardin des Tuileries qui l'occupent le plus à partir de 1561. Après l'acquisition des terrains et l'extension du tracé de l'enceinte de la ville, l'objectif est de créer une grande régularité géométrique « avec un plan rectangulaire de 570 mètres de long sur 310 mètres de large, quadrillé par un réseau octogonal d'allées alignées sur les axes principaux du palais bordées d'ormeaux, de sycomores et de sapins », indique encore Guillaume Fonkenell. Différents espaces sont ainsi pensés avec des parterres, un bois, un labyrinthe, des sculptures, des fontaines… tous ces éléments faisant partie de nombre de projets de jardins de la Renaissance auxquels il faut adjoindre un réseau d'alimentation en eau. Au sud-est de Paris, le château de Fontainebleau connaît aussi des modifications dans ses jardins, outre la création de la fameuse laiterie de la Mi-Voie puisqu'en 1561, une grande pergola en bois est installée dans ce que l'on nomme désormais et très symboliquement le « jardin de la reine ».

Dans le Val de Loire, les jardins de Chenonceau occupent grandement Catherine de Médicis. Diane de Poitiers les avait déjà aménagés et la reine mère conserve une partie des réalisations tout en les complétant par des travaux à partir de 1561, avant même de s'occuper d'un réagencement des bâtiments. Les deux rives du Cher sont embellies par des plantations nouvelles (végétaux à feuillage persistant comme le pin, chêne vert, laurier mais aussi des oliviers et des orangers en pots qui étaient hivernés à la froide saison), des fontaines, des volières, une ménagerie... Le chantier n'a jamais cessé puisque les derniers travaux du vivant de Catherine datent de 1584-1586. Les espaces verts de Blois connaissent également des modifications structurelles, avec notamment la transformation des fossés en jardins et « l'entretien d'une grande allée reliant le château à une forêt voisine, qui avait été percée en 1559 sur l'ordre de François II ».

Grands travaux structurels, embellissement par l'ajout de plantations ou de décors, restructurations des espaces, l'intérêt de Catherine de Médicis pour les jardins se manifeste également dans l'expérimentation végétale. Pour cela, dans le sud de la France, à Hyères, elle manifeste le désir de faire un « jardin de la reine » et de faire construire une résidence royale. L'idée lui vient alors qu'elle arrive dans la ville, en octobre 1564, au moment du tour de France royal qu'elle entreprend avec son fils Charles IX. Elle souhaite reprendre un projet d'exploitation de la canne à sucre qui avait été introduite depuis peu dans la Provence, pensant que cela pouvait être utile à la ville et aux alentours. La charge d'intendant général des « ouvraiges, bastimens et ediffices des maison, parcs et jardins d'Hyères » est confiée à un gentilhomme italien, Jean Pierre Pelloye. En mai 1566, le président de la cour des comptes, Jean de Sade, écrit à la reine mère que d'ici quinze à dix-huit mois au plus tard, elle pourrait venir loger dans la ville, ajoutant qu'il y a déjà « cent orangers fort beaux et grans qui y ont jà prins logis tout autour de la court ; il y a le fossé tout autour et le grand canal qui s'avance fort ». Il s'agit ici d'un canal d'irrigation, le Béal Jean Natte, déjà existant depuis le XVe siècle. La canne à sucre provient de Gandie en Espagne et les plants sont mis en terre en janvier 1568. Les premiers résultats agricoles sont médiocres et, en raison d'un contexte politique de plus en plus tendu, les travaux s'arrêtent progressivement, empêchant la réalisation de ce projet méridional.

Si elle reste décisionnaire dans ces entreprises touchant aux jardins et à leur aménagement Catherine de

Médicis n'est pas toujours en capacité de suivre tous les travaux. Elle le fait parfois, quand le contexte le permet ou quand la proximité du lieu rend possible de fréquents voyages, comme à Chenonceau. Mais elle sait aussi s'appuyer sur des proches en qui elle a confiance et elle s'entoure de spécialistes pour mettre en œuvre des travaux dispendieux. Guillaume Fonkenell présente tout un ensemble d'hommes et de femmes, plus rares il est vrai pour ces dernières, qui ont participé à ces projets. Parmi les proches, il y a Marie-Catherine de Pierrevive, dame du Perron, épouse d'Antoine de Gondi et gouvernante des enfants de France. Les deux femmes sont liées depuis l'arrivée de la dauphine en France et c'est elle qui dirige les travaux des jardins des Tuileries quand Catherine de Médicis est en déplacement et elle participe à l'expérimentation ratée des travaux de Hyères. Pour embellir les jardins, sont tour à tour sollicités deux grands ensembles de métiers : « ceux qui étaient responsables des aménageurs architecturaux (fabriques, terrassements, hydraulique) et ceux qui étaient plus particulièrement chargés des plantations ». Parmi les premiers, il faut citer des architectes Étienne Dupérac et Philibert Delorme, des fontainiers tel le Picard Delphe, des sculpteurs comme Dominique Florentin, Germain Pilon ou Frémin Roussel ou encore des céramistes comme Bernard Palissy. Pour les plantations, on retient les noms de Priamus Lucas (pour Montceaux), Bernard Carnesecchi (aux Tuileries), Henri Calabrese et Jehan Collo (à Chenonceau). Parmi les hommes qui se chargent de gérer les équipes, on repère pour Montceaux « un pépiniériste de Tours, Denis Thibault, qui vint passer sur place soixante-cinq jours pour planter plus de 2 000 pieds d'arbres fruitiers et 300 pieds de laurier » ; pour les Tuileries, les noms qui apparaissent dans les sources sont ceux de Pierre de Villiers, Bastien Tarquien et Pierre Le Nôtre, le grand-père du jardinier de Louis XIV.

Cette passion pour les jardins recouvre toutefois une utilité politique, car il ne faut pas perdre de vue qu'ils sont des lieux de plaisir et de sociabilité. Ils accueillent les fêtes, éblouissent les hôtes et sont une autre expression de la grandeur de la cour de France. Ils s'imposent sous le pouvoir de Catherine de Médicis comme un lieu essentiel de la vie de cour. Dans ce microcosme verdoyant, la maîtrise de l'espace dans lequel on déambule ou que l'œil admire simplement donne une image idéale du gouvernement raisonné. Ainsi, les jardins des Tuileries accueillent de nombreuses fêtes, notamment deux en 1572 : une en l'honneur de l'ambassadeur d'Angleterre et l'autre à l'occasion du mariage entre Marguerite de Valois et Henri de Navarre. C'est un choix politique de célébrer des fêtes, synonymes de divertissements mais aussi de politique d'apaisement entre factions politiques adverses, dans le cadre de ces jardins nouvellement aménagés qui deviennent donc des lieux de paix. À peine un an plus tard – après la Saint-Barthélemy donc –, ces jardins des Tuileries servent à nouveau de cadre à de somptueuses festivités organisées pour les ambassadeurs polonais. La scène est immortalisée sur l'une des tapisseries de la série *Tapisseries des Valois*, aujourd'hui conservées au musée des Offices à Florence. Les ambassadeurs polonais sont venus offrir leur nouvelle couronne élective au troisième fils de Catherine de Médicis, le futur Henri III. Cette série de tentures qui représente plusieurs fêtes dans les jardins royaux, a été tissée à Bruxelles ou Anvers, très certainement au début des années 1580, d'après des dessins d'Antoine Caron. Elles ont appartenu à Catherine de Médicis et dans celle représentant la fête de 1573, Catherine apparaît au centre de la composition, toute de noir vêtue au milieu d'une foule aux couleurs chatoyantes. Les jardins, en arrière-plan de la composition, alternent perspectives, parterres, fontaines, statues à l'antique au milieu desquels promènent tranquillement des courtisans.

Laurent Odde indique que pour « l'occasion, on construit une montagne artificielle sur laquelle prennent place seize jeunes femmes de la Cour à moitié dévêtues (dont Marguerite de Valois) et représentant les provinces de France ». C'est également l'occasion d'un ballet, sorte de danse figurée qui symbolise le royaume tout entier, si l'on en croit les sources du temps, à l'exemple d'Agrippa d'Aubigné :

> Après l'entrée du roi de Polongne, faite par la porte Saint-Anthoine, la roine voulut monstrer sa magnificence en un festin aux Tuilleries, apres lequel les ambassadeurs furent menez où la roine avoit fait couper un bois de haute futaye, plus pour montrer qu'elle n'épargnoit rien que par besoin qu'elle eust de la place. Là, sous un pavillon d'excessive grandeur, on fit sortir de derriere un rideau une grande roche argentée qui contenoit seize niches, en chacune desquelles étoit logée une nymphe portant le nom d'une province de France. Après quelques vers, bien chantez et mal composez par Amadis Jamin et non par ceux qu'on a écrits, les nymphes descendirent pour danser un ballet deux fois, premièrement masquées, et puis sans masque, et la plupart de la nuit fut passée au bal accoustumé.

La famille entière est mobilisée autour de ces festivités et notamment dans les ballets et la « danse figurée » importée par des chorégraphes italiens. Cette pratique s'ancre donc avec Catherine de Médicis à la cour de France. Au siècle suivant, le jeune Louis XIV dansera pour la première fois dans le *Ballet de Cassandre* en 1651 et se produira très régulièrement jusqu'à la fin des années 1660.

Paris n'est pas le seul lieu où les jardins servent de cadre à la mise en scène du pouvoir et Catherine de Médicis organise notamment trois grands événements festifs à Chenonceau, pour différentes raisons et selon différentes modalités, même si toutes ces fêtes ont pour objectif de mettre en avant ses fils. La première fête a lieu entre le 31 mars et le 6 avril 1560, avec pour finalité de célébrer le jeune François II et son épouse Marie Ire d'Écosse. Il s'agit encore et surtout d'apaiser les tensions et de ressouder la noblesse autour du roi après l'exécution des conjurés d'Amboise. Trois ans plus tard, dans des jardins nouvellement aménagés, elle organise encore des festivités, entre le 13 et le 20 avril 1563, cette fois-ci en l'honneur de son second fils, Charles IX. Le prince de Condé, chef des protestants, est invité, les desseins sont donc toujours pacifiques après la signature de la paix d'Amboise qui marque la fin de la première guerre de Religion. La troisième fête royale se déroule bien plus tard, en 1577, alors qu'une des grandes galeries vient d'être édifiée au-dessus du pont de Diane. Catherine de Médicis l'organise à cette occasion ainsi que pour fêter les victoires du duc d'Anjou, le frère du roi, contre les protestants. Ces prouesses militaires avaient d'ailleurs déjà été fêtées par Henri III lui-même, à Plessis-lès-Tours, lors de réjouissances où les courtisans devaient s'habiller des vêtements du sexe opposé. Catherine de Médicis ne semble pas goûter ce type de démonstration et tient à montrer que le roi, qu'Agrippa d'Aubigné décrit avec un « visage de blanc et de rouge empâté » telle une « putain fardée », n'est pas qu'entouré par ses mignons. Elle décide alors d'organiser une fête – au coût exorbitant et avec une conformité à la morale chrétienne inversement proportionnelle – que le contemporain Pierre de l'Estoile décrit ainsi dans ses *Mémoires* : « En ce beau banquet, les dames les plus belles et les plus honnêtes de la cour étaient à moitié nues, ayant leurs cheveux épars furent employés à faire le service. »

L'énergie de Catherine de Médicis est sans limite dans l'usage des arts, du beau, de l'harmonie, et son patronage très actif autour des châteaux et des jardins est totalement au service de l'ordre politique et est orienté vers la matérialisation de la grandeur, de la force, de l'immortalité de la monarchie des Valois.

Cela est d'autant plus remarquable que cette dynastie prend fin avec la mort d'Henri III en 1589. Les fêtes ont également pour but de distraire les courtisans, de les rapprocher, de leur faire oublier les tensions dans un contexte historique particulièrement difficile. D'où l'importance de mettre en scène dans le dispositif festif les filles et fils de France qui évoluent aux côtés d'autres membres de la Cour. Brantôme note l'enjeu politique toujours présent dans les choix culturels de la reine :

> [Elle] prenoit plaisir de donner tousjours quelque récréation à son peuple ou à sa Court, comme ne festins, balz, dances, combatz [...]. Je sçay que plusieurs en France blasmarent cette despance par trop superflue ; mais la Reyne disoit qu'elle le faisoit pour monstrer à l'Estranger que la France n'estoit si totalement ruinée et pauvre, à cause des guerres passées, comme il l'estimoit ,et que, puisque pour tels esbats on sçavait dépendre, que, pour d'autant plus la France en seroit mieux estimée et redoutée [...] disant en cela souvent qu'elle vouloit immiter les Empereurs Romains qui s'estudioyent d'exhiber des jeux au peuple et luy donner plaisir et l'amuser autant en cela sans luy donner loisir à mal faire d'ailleurs.

Catherine de Médicis mobilise tous les arts au service de la monarchie française à laquelle elle appartient depuis ses 14 ans. Même si elle a reçu une très bonne éducation dans le couvent des sœurs de Murate, ou bien chez les Médicis à Florence ou à Rome, elle a beaucoup appris à la cour de France, et elle a acquis une réelle connaissance artistique. Il ne faut donc pas négliger aussi dans sa politique culturelle un goût personnel pour les arts.

Tel est notamment le cas du théâtre pour lequel elle a développé une politique « interventionniste », suivant le mot d'Aurore Évain. Sa proximité avec cet art n'est pas nouvelle, enfant en Italie ou dauphine à la cour de France, elle a eu l'occasion de se familiariser avec le théâtre humaniste. En 1548, à l'occasion de l'entrée royale à Lyon, les organisateurs font jouer pour la première fois une pièce italienne *La Calandra*, créée en 1513 à la cour d'Orbino. Le public tout comme le roi et la reine sont ébahis du spectacle offert par les décors et la machinerie, ainsi que par le jeu des acteurs. Catherine de Médicis commence dès lors à soutenir la création italienne en France et notamment le poète Luigi Alamanni (créateur de la comédie *Flora*) dans les années 1550 ou bien encore la troupe d'Alberto Naselli au début des années 1570. Elle est également « à l'origine de l'installation des premiers comédiens à Paris [... et] elle ne cède pas aux pressions de l'Église et du Parlement ». Les artistes français ne sont pas en reste et le poète Mellin de Saint-Gelais (1491-1558) reçoit commande d'une « mascarade pour divertir le roi » en 1554. Peu de tragédies à la cour de France mais des pièces qui, à l'occasion des festivités organisées par la reine mère, plaisent à ses invités telle la *Bergerie* de Ronsard ou sa *Belle Genièvre*. D'ailleurs, dans ses chantiers, elle fait construire pour accueillir ces œuvres, des salles de spectacle comme aux Tuileries ou à l'Hôtel de la Reine.

L'inventaire après décès de Catherine de Médicis confirme également son plaisir à être, dans son quotidien, entourée par des créations artistiques en tout genre. La résidence qui concentre le plus de ses biens est l'Hôtel de la Reine, qui a été détruit au XVIIIe siècle et dont il ne reste plus qu'une tour-colonne dans le jardin des Halles. Chantal Turbide a consulté les archives sur les biens détenus par Catherine de Médicis dans ce bâtiment et ses conclusions indiquent « la très grande richesse du mobilier », richesse qui repose aussi sur une grande diversité : des tentures qui proviennent de Bruxelles ou de Beauvais, des tapis d'Orient, des grandes pièces de tissus dont certains sont brodés de « motifs végétaux et animaliers, des devises, armoiries et emblèmes, ainsi que de thème religieux », tissus avec une large palette de couleurs, en provenance d'Italie, de Bruges, d'Espagne, d'Allemagne ou encore des Pays-Bas. Le mobilier est conséquent : quatorze lits, dix-huit tables, des sièges de tous types, onze cabinets de matériaux précieux, des armoires, des coffres, des caisses et surtout 450 tableaux.

Les thèmes représentés dans les œuvres picturales sont très variés : mythologiques évidemment, antiques, bibliques, allégoriques. On compte aussi des scènes de genre, des paysages et en particulier « plus de 250 portraits, dont quelques-uns seulement sont rangés dans les galetas, la plupart étant restés accrochés aux murs des diverses pièces visitées » pendant l'inventaire. Les portraits de famille dominent l'ensemble pictural en comptant les portraits de ses petites-filles et ceux de sa parentèle italienne. Chantal Turbide y voit le témoignage de la « double appartenance familiale et [ils] offrent à cette Italienne transportée en France de maintenir vivace le souvenir de sa famille qu'elle a laissée en Italie, et de garder le contact avec elle ». Catherine de Médicis possède un petit portrait de son père, Laurent II, un portrait de son grand-oncle, le pape Clément VII et, en 1566, son cousin Côme de Médicis lui fait parvenir vingt-deux portraits des membres de la famille des Médicis. La branche française de sa famille n'est toutefois pas en reste : on compte une cinquantaine de portraits de personnages étroitement liés au royaume dans la grande galerie de l'Hôtel de la Reine. À ces tableaux, il faut encore ajouter les pièces d'orfèvrerie, fort appréciées par les élites sociales, et une quantité importante de petits objets : « branches et figurines en corail, coquilles de mer, rochers, caméléons, noix des Indes, [...] crocodiles empaillés, [...] glaces de cristal, coffrets de nacre d'ivoire, [...] échiquiers d'ivoire et d'ébène, masques de Venise, [...] vaisselles de bois, de porcelaine, plusieurs centaines de pièces de vaisselle de faïence... »

Catherine de Médicis n'est pas seulement une mécène, elle est aussi une grande collectionneuse d'objets divers et elle inaugure une nouvelle tradition pour les reines en léguant à ses héritiers les biens qui lui appartenaient en propre. Louise de Lorraine, par exemple, reçoit Chenonceau, où elle vit son veuvage. Les précieuses tapisseries des Valois vont dans la ville natale de Catherine de Médicis, Florence, et à sa petite-fille préférée, la fille de la princesse Claude, Christine de Lorraine (1565-1637), qui épouse le grand-duc Ferdinand de Médicis en mai 1589, juste après la mort de Catherine. Cette dernière a élevé Christine à la mort de Claude, en 1575, elle lui est particulièrement attachée. C'est elle qui hérite de la plus importante part des biens de la reine mère, puisqu'elle reçoit également l'Hôtel de la Reine, la moitié de ses biens mobiliers, ses propriétés italiennes et 200 000 écus pistoles qui doivent provenir de la vente d'une propriété en Toscane.

UNE REINE CULTIVÉE ET ATTENTIVE À L'ÉDUCATION DE SES ENFANTS

Catherine de Médicis n'a pas seulement marqué le domaine des arts par son action, elle est aussi une reine cultivée et attentive à l'éducation de ses enfants. À la cour, elle maîtrise l'art de bien parler même s'il est probable qu'elle a gardé une pointe d'accent italien, si l'on regarde attentivement certaines de ses lettres, qui transforme volontiers un « u » en « ou » indique Jean-Hippolyte Mariéjol.

Plusieurs indices montrent son goût pour la culture et le savoir. Le premier est sa bibliothèque : Catherine de Médicis ne collectionne pas que les objets d'art, elle est aussi une grande amatrice de livres. Certes, les historiens du livre et de l'imprimé ont montré que la bibliothèque était alors conçue par les contemporains de la Renaissance comme un objet de richesse et que nombre de livres possédés n'étaient pas forcément lus. Toutefois, l'inventaire de la bibliothèque de la reine mère, repris par Janine Garrisson, révèle son amour pour les livres et les manuscrits : 2 118 imprimés et 780 manuscrits, des écrits sur la philosophie, la théologie et la poétique en grec, latin et hébreu. Dans cet inventaire se mêlent des écritures saintes, des auteurs grecs comme Xénophon, Aristote, et surtout Platon. L'enchevêtrement d'influences italiennes et françaises dans les goûts littéraires et artistiques de Catherine de Médicis est évident, dans sa passion des fêtes également, dans son importante curiosité intellectuelle pareillement. « Son appétit éclectique de culture », selon l'expression de Denis Crouzet, lui fait apprécier également les connaissances en mathématiques, en astronomie, en astrologie et en sciences naturelles. Elle a ses poètes attitrés : Ronsard, Rémi Belleau, Baïf, Dorat, et comme pour ses architectes ou ses jardiniers, elle les protège. Elle donne ainsi une pension à Baïf et offre à Ronsard le prieuré de Saint-Cosme.

Elle-même a un rapport très fort à l'écriture et elle entretient de nombreuses correspondances qui ont fait l'objet de plusieurs études historiques. L'édition des lettres de la reine, entreprise dans le dernier quart du XVIIIe siècle, constitue une œuvre de dix tomes, de

6 049 lettres provenant principalement d'archives françaises (3 000), italiennes (2 000), russes (500) et anglaises (200). Et ce n'est qu'une partie, semble-t-il, de ce qui a pu être envoyé ou reçu. Ses contemporains semblent déjà remarquer le rapport étroit que la reine mère entretien avec l'écrit. Brantôme note par exemple :

> Je la vis une fois, étant embarquée à Blé pour aller disner à Bourg, tout le long du chemin lire un parchemin comme un raporteur ou un advocat, tout un procès-verbal [...]. Elle n'en osta jamais la vue qu'il ne fut achevé de lire et si avoit plus de dix pages le parchemin. Quand elle n'estoit point empêchée, elle-même lisoit toutes les lettres et consequance qu'on luy escripvoit, et le plus souvent de sa main elle faisait des despesches [...] aux plus grandes et ses privées personnes. Je la vis une fois pour un après-disnée, escripre de sa main vingt paires de lettres, et longues.

Les lettres sont pour elle un outil politique par excellence. Rappelons, qu'elle exige de lire toutes les lettres envoyées au monarque et de toujours accompagner d'une de ses missives celles du roi. Brantôme relève qu'elle prend la plume elle-même quand elle s'adresse « aux plus grandes et plus privées personnes ». Pour les autres, bien entendu, elle a recours à des secrétaires de la couronne et personnels, dont le nombre passe de 9 en 1560 à 76 en 1583. Dans sa correspondance, elle aborde essentiellement les relations internationales, les finances, la crise religieuse du royaume, ainsi que la guerre. L'essentiel concerne les questions politiques, montrant la place centrale de Catherine de Médicis sur l'échiquier des pouvoirs du temps. Mais dans l'inventaire de l'Hôtel de la Reine, on trouve également une correspondance qui évoque son attachement pour les arts et les lettres.

Il n'est donc pas étonnant que Catherine de Médicis, femme aux multiples savoirs, porte une attention particulière à l'éducation de ses enfants. Marguerite de Valois la décrit comme une mère « portée par les ailes du désir de l'affection maternelle, qui ne vivait que pour ses enfants. » Elle exerce sur eux une autorité exigeante et ne manque pas de leur apprendre le rôle qu'ils doivent tenir dans la dynastie des Valois et au sein du royaume de France. Cet apprentissage du pouvoir passe par les livres mais aussi par la pratique. C'est ainsi que Catherine de Médicis conçoit l'idée de mettre à profit la période de paix après la première guerre de Religion pour faire avec son fils Charles IX, majeur et donc pleinement roi, un « grand tour de France ». Le projet s'inscrit dans la grande tradition d'une cour qui, depuis François Ier, est toujours itinérante. Le roi chevalier n'a cessé d'ailleurs de se déplacer, occupant ses années de règne à visiter son domaine. Son fils, Henri II a été plus casanier, sauf pour conduire ses armées vers les frontières du nord et de l'est. Mais avec le voyage que Catherine fait entreprendre au jeune Charles IX, c'est un véritable tour de France que la reine mère impose à sa suite, puisqu'il est prévu de visiter des régions isolées, de gagner les confins du royaume, de longer les frontières. C'est un gigantesque périple à travers les provinces du royaume en privilégiant notamment celles qui avaient été jusqu'ici absentes des itinéraires royaux : ainsi la Provence n'avait pas été visitée depuis plus de cent ans, Toulouse est restée trente ans sans voir un roi et les séjours dans le sud du royaume sont ainsi très intenses. Cette nécessaire rencontre avec le royaume s'explique en outre par le fait que la monarchie manque encore d'administrateurs locaux et pour cimenter l'unité derrière le monarque, toujours prête à se déchirer en plein contexte des guerres de Religion, rien ne peut remplacer le contact du roi avec ses sujets. D'où également un nombre considérable (108) d'entrées royales à l'occasion de ce voyage.

Il y a également une visée pédagogique pour Charles IX : le monarque doit connaître son royaume.

Le savoir géographique est une arme de gouvernement et Catherine de Médicis commande vers 1560 à Nicolas de Nicolay une entreprise cartographique : *La visitation et description générale et particulière du royaume*. On sait également que sa bibliothèque comptait une trentaine de cartes représentant des pays d'Europe, d'Asie ou Afrique et des provinces de France. Mais rien ne vaut de se déplacer pour aller à la rencontre de la population. Elle en est persuadée, ce grand tour va raffermir l'autorité souveraine et former son jeune fils à sa charge de monarque. Avec Charles IX, elle emmène deux autres de ses enfants, Henri et Marguerite. Seul François, le plus jeune, reste à Saint-Germain. Ce long périple de 829 jours lui permettra peut-être aussi de rencontrer sur la frontière de la Lorraine, sa fille Claude, alors épouse de Charles III, et à proximité des États de Savoie, sa belle-sœur Marguerite, femme du duc Emmanuel Philibert.

La cour quitte donc Fontainebleau le 13 mars 1564 pour un voyage de près de 4 000 km et n'y revient qu'en mai 1566. 10 000 à 15 000 personnes prennent ainsi la route, tout le cortège s'étire sur quatre ou cinq lieues, se fractionne en plusieurs itinéraires avec des gardes, des chevaux, des coches, des litières, des chariots, des tableaux, des meubles, des bagages… c'est une immense caravane qui transporte tout le nécessaire pour la cour de France. Des tréteaux, des lits, des gîtes d'étapes sont rapidement montés. Le roi entraîne avec lui des membres de son Conseil, sa Chancellerie, ses archives, son trésor. Il faut bien entendu une escorte pour protéger toutes ces personnes et donc des soldats sont du périple. Les membres de la famille royale et les courtisans voyagent avec leurs propres domestiques. C'est l'équivalent d'une ville moyenne qui transite pendant plusieurs mois sur les routes de France.

De l'Île-de-France, ils se dirigent vers la Champagne, la Bourgogne, le Lyonnais, la Provence, le Languedoc, Bayonne, la Gascogne, la Bretagne, la Loire, l'Auvergne. L'itinéraire a été soigneusement établi et Catherine de Médicis veille à tout, annonce son arrivée, organise les étapes et le ravitaillement. Mais ce voyage n'est pas un voyage d'agrément, donc il s'agit également de poursuivre les affaires courantes et d'initier le jeune roi à sa charge. Ainsi, elle lui fait signer quelques textes importants, comme l'édit de Crémieu en juillet 1564, quelques jours après sa sortie de Lyon, qui permet une reprise en main des villes du royaume. À Moulins, en février 1566, elle convoque un conseil élargi des grands officiers de la Couronne, des hauts dignitaires, des magistrats de Paris et de province chargés de mettre en forme un très important texte législatif que l'on nomme « l'ordonnance de Moulins ». Ses quatre-vingt-six articles doivent répondre aux plaintes recueillies tout au long du voyage pour corriger les abus constatés et améliorer l'administration du royaume.

Le voyage est aussi l'occasion pour les enfants de France de découvrir des paysages inconnus du royaume, par exemple des orangers fraîchement importés de Chine à Brignoles ou la Méditerranée à Brégançon. Le passage à Marseille est l'occasion d'offrir à la cour un grand spectacle nautique en pleine mer avec la simulation d'une bataille navale. On avait déjà donné des petites batailles navales à Fontainebleau mais cette fois, c'est dans la mer qu'on met en scène une galère chrétienne affrontant une galère turque, commandée par le roi, qui ne peut qu'être vainqueur. Une polémique naît après la victoire des Turcs, qui déplaît au roi d'Espagne, mais peu importe ; il faut organiser des jeux qui divertissent tout le monde.

Dans chaque ville, Catherine de Médicis se réjouit de voir l'accueil qui est fait au roi et à la cour et ce voyage comble ses attentes. C'est un moment de relative quiétude après la première guerre de Religion, elle est en compagnie de trois de ses enfants et prend le temps de leur apprendre par l'expérience la complexité du royaume. Nous savons hélas que le voyage n'a rien résolu et que les difficultés entre partisans du catholicisme et du protestantisme ne se taisent pas.

Catherine de Médicis montre à la fois par son rôle de mécène et de patronne pour les arts, ainsi que par sa culture diversifiée, l'importance qu'elle accorde à l'harmonie, à la paix, à l'organisation, au savoir qui guide l'action. La richesse de son parcours de vie et de gouvernement n'a toutefois pas été vue ainsi, que ce soit pour ses contemporains ou dans la postérité et son destin reste longtemps associé à une « légende noire » qu'il faut revisiter.

IV

MORT ET POSTÉRITÉ D'UNE FIGURE AU DESTIN HORS DU COMMUN

L'ampleur de l'œuvre politique et culturelle de Catherine de Médicis est considérable pour une femme de son temps et, comme tous les personnages de premier plan, la reine est une figure controversée qui suscite des témoignages imprégnés de la crise religieuse qui provoque des clivages et des partis pris et qui subit des jugements résultant d'une misogynie ambiante très forte. Au XVIe siècle, la Chrétienté considère les femmes par nature comme inférieures aux hommes et porteuses de tous les vices, en bonnes filles d'Ève qu'elles restent. À cela s'ajoute un puissant anti-italianisme qui émerge dans le sillage des guerres d'Italie. Ainsi Catherine de Médicis demeure à jamais une étrangère à la France et potentiellement une traître au royaume. Sous la plume des contemporains, se dessine sa « légende noire », qui perdure au cours des siècles et qui marque aujourd'hui encore l'imaginaire à son sujet.

Le dernier volet de notre biographie de Catherine de Médicis s'attarde sur l'aspect controversé de son personnage, en reprenant l'image qu'elle a voulu donner d'elle-même et sa postérité.

LA MORT, UNE COMPAGNE À APPRIVOISER… ET À AFFRONTER

Mais avant cela, revenons sur la fin de sa vie et sur la mort qu'elle rencontre à 69 ans. Elle meurt à Blois le 5 janvier 1589, après avoir quitté Paris et l'Hôtel de la Reine à l'été 1588. La mort a été la compagne constante de son existence, rappelons-le, et elle a longtemps cherché à l'apprivoiser et à la prévenir par différents moyens. Elle est âgée de quelques semaines à peine quand elle perd ses parents et sa grand-mère ; elle est elle-même menacée de mort, enfant, retenue à Florence. Adulte, c'est son époux puis certains de ses enfants qui décèdent – tour à tour, trois de ses quatre fils. L'espérance de vie à l'époque est singulièrement réduite, et d'ailleurs Catherine de Médicis n'hésite pas à user de certaines « sciences » pour tenter de dissiper ou d'anticiper les dangers mortels.

Parmi ces pratiques, on compte notamment l'astrologie et la lecture des rêves. En effet, elle vient d'un pays où les princes et le peuple croient que les astres influencent la vie humaine, et l'on enseigne l'astrologie dans les universités italiennes jusqu'au XVIe siècle. On croit que le zodiaque, les conjonctions des planètes au moment de la naissance d'un enfant sont déterminants sur plusieurs aspects : le caractère de la personne, mais aussi le bon ou le mauvais succès de son existence. Il n'est donc pas rare de voir, à la naissance des enfants de l'élite du temps, des horoscopes servant à prédire le destin du nouveau-né. On se souvient que François II était né sous les meilleurs hospices, tout en perdant la vie à 15 ans. L'Église et la justice royale peuvent condamner certains astrologues et leurs prédictions qui ressemblent parfois à de la superstition mais souvent les papes ont eux-mêmes leur propre astrologue, ce qui montre bien le fossé entre le droit et la pratique autour de cette question.

Les difficultés de la vie, quelle que soit la couche sociale à laquelle on appartient dans ce monde du XVIe siècle, favorise la crédulité en ces « sciences occultes » et Catherine de Médicis, qui a eu son lot de malheurs personnels, n'échappe pas à cette disposition d'esprit. Elle est ainsi en relation avec les astrologues les plus importants, les plus connus, français ou italiens, comme le Napolitain Luc Gauric. Né en 1476, il a d'abord enseigné les mathématiques, puis l'astronomie – qui est alors une discipline confondue avec l'astrologie – dans plusieurs écoles de la péninsule (Naples, Rome, Venise...). Il jouit d'une très belle réputation et différents papes, Jules II, Léon X, Clément VII et surtout Paul III, lui accordent leur protection et s'assurent ses services. Il a écrit un traité astrologique qu'il fait publier à Venise en 1552, le *Tractatus astrologicus*, qui lui permet d'établir les cartes astrales de nombreux personnages célèbres, avec pour but de prouver *a posteriori* qu'il est possible de lire leur destinée dans les astres. Catherine de Médicis a ses astrologues attitrés comme le Florentin Côme Ruggieri, qui lui aurait prédit qu'elle mourrait près de Saint-Germain. La légende veut qu'elle ait alors décidé de ne plus résider aux Tuileries, situées près de la paroisse de Saint-Germain, à partir de 1572.

L'astrologie gagne en crédit à la cour, et à l'occasion du grand tour de France, Catherine de Médicis retrouve le médecin et astrologue Michel de Nostredame (1503-1566), dit Nostradamus, qu'elle connaît déjà. Nous sommes en 1564, à Salon-de-Crau – aujourd'hui Salon-de-Provence – où il vit depuis presque vingt années. Il est célèbre, puisque la première édition en mars 1555 de ses *Centuries*, un recueil de quatrains prophétiques, lui avait valu d'être invité à la cour de France. Il n'est pas le seul à prophétiser mais nombreux sont ceux qui ont vu dans l'un de ses quatrains la prophétie du fameux duel lors duquel Henri II a perdu la vie en recevant une lance dans l'œil :

Le lion jeune le vieux surmontera
En champ bellique par singulier duel,
Dans cage d'or les yeux lui crèvera,
Deux plaies une, puis mourir, mort cruelle.

Catherine de Médicis consultait déjà des astrologues et leur science divinatoire : quand elle n'arrivait pas à enfanter, puis pour connaître la destinée des enfants royaux. Elle est donc convaincue que Nostradamus a prédit la mort accidentelle de son mari et toute disposée à croire une autre prédiction du mois de décembre 1560, affirmant que la famille royale va perdre de maladie ses deux jeunes membres. La croyance de Catherine en l'astrologie n'a pu être que renforcée lorsque le 5 décembre, François II meurt. Elle est donc pleinement rassurée quand, en octobre 1564, Nostradamus prédit que le roi, Charles IX, vivrait quant à lui très longtemps et que son règne serait l'un des plus longs de l'histoire. La réalité est tout autre : Charles IX meurt 10 ans plus tard, à l'âge de 23 ans. Malgré tout, la mère inquiète et attentive qu'est Catherine de Médicis continue de faire appel aux astrologues, notamment au début de l'année 1574 quand la santé de son fils, qui n'a jamais été bonne, semble de plus en plus fragile. La question que tout le monde se pose est de savoir s'il n'a pas été empoisonné, voire envoûté. Le contexte politique du temps renforce cette peur de la mort, le roi ayant été plusieurs fois déjà soumis à des complots et, au sein de l'élite sociale, l'assassinat par l'empoisonnement est l'un des recours habituels. Les rumeurs courent d'autant plus volontiers qu'on ignore de quoi souffre Charles IX. On sait aujourd'hui qu'il s'agissait d'une tuberculose pulmonaire mais les connaissances scientifiques de l'époque ne permettaient pas d'établir un diagnostic aussi précis. Catherine de Médicis est d'autant plus persuadée qu'on a tenté d'envoûter son enfant que l'astrologue Côme Ruggieri a été arrêté quelques jours plus tôt pour complicité dans la conjuration des Malcontents qui vise à retirer le pouvoir à son fils et à elle-même. Pour elle, il « avait fait une figurine de cire » à l'effigie du monarque « à qui il donnait des coups de tête, et c'est contre le roi ». Il a beau clamer son innocence, il est condamné à une peine de neuf ans de galère. Catherine de Médicis est une catholique pieuse mais, au XVIe siècle, cela n'empêche pas de croire également à l'existence de forces occultes, surnaturelles qui dépassent les croyances et la *doxa* établies par l'Église. Et en tant que mère attentive à ses enfants, elle redoute particulièrement la mort de son fils, le roi de France qu'elle a tant soutenu, qu'elle a formé, en qui elle voit un avenir de paix pour le royaume.

Toujours dans cet espoir de connaître sa destinée et celle de ceux qu'elle aime, Catherine de Médicis a aussi recours à des lectures de ses rêves car elle croit également à la prémonition onirique. Elle pense ainsi que son cauchemar fait la veille de la mort de son époux n'était qu'une annonce de ce qui allait se produire dans ce tournoi qu'elle essaye en vain d'arrêter. Sa fille, Marguerite, rapporte dans ses *Mémoires*, un épisode au moment de la bataille de Jarnac en 1569. L'armée protestante commandée par le prince de Condé s'oppose alors à l'armée du roi de France commandée par le duc d'Anjou. Catherine est malade et elle délire, veillée par sa fille. Et dans la nuit du 12 au 13 mars :

> Elle s'écrie, continuant ses rêveries, comme si elle eût vu donner la bataille de Jarnac : « Voyez comme ils fuient ! Mon fils a la victoire ! Hé, mon Dieu, relevez mon fils, il est par terre ! Voyez, voyez, dans cette haie, le prince de Condé mort ! » Tous ceux qui étaient là croyaient qu'elle rêvait et que, sachant que mon frère d'Anjou était en terme de donner la bataille, elle n'eût que cela en tête. Mais la nuit après, Monsieur de Losse lui en apportant la nouvelle comme chose très désirée : « Vous êtes fâcheux, lui dit-elle, de m'avoir éveillée pour cela. Je le savais bien. Ne l'avais-je pas vu devant hier ? » Lors on reconnut que ce n'était point rêverie de la fièvre, mais un avertissement particulier que Dieu donne aux personnes illustres et rares.

Ces croyances en sa capacité à lire dans le futur ne la préservent pas de la maladie. En 1557, elle tombe gravement malade et survit de justesse. Tel ne sera pas le cas en janvier 1589, et la mort de la reine mère est partout ressentie par les contemporains comme un événement marquant. Qu'on l'aime ou non, elle occupe une place centrale dans la hiérarchie du royaume et les écrits prouvent que nombreux se sentent désœuvrés. Les dernières semaines de sa vie sont relativement bien connues. Les témoignages ne concordent pas toujours, mais il est possible de reconstituer ses derniers moments.

On rappelle que le règne d'Henri III a été marqué par des changements d'organisation politique qui marginalisent Catherine de Médicis, sans l'éclipser totalement. La seconde moitié des années 1580 est particulièrement complexe pour la monarchie, pour plusieurs raisons. La succession d'Henri III en est une, en particulier lorsque son frère, François d'Alençon, duc d'Anjou, meurt en 1584. Le roi est bien marié à Louise de Lorraine, mais le couple n'a pas d'enfant. Cela signifie concrètement que le prétendant au trône de France est Henri III de Navarre, époux de Marguerite et chef protestant. Ce qui affole le parti ultra-catholique qui n'a jamais cessé d'exister. Apparaît alors, en 1585, la Sainte Union, la seconde ligue après une première tentative de former un véritable parti catholique en 1576. C'est une ligue qui en recouvre plusieurs, une ligue nobiliaire sous la direction des Guise qui s'entend avec l'Espagne et le pape ; une ligue urbaine ou plutôt un radicalisme urbain et bourgeois, surtout dans Paris (les Ligueurs portent le nom des Seize), mais aussi dans d'autres villes du royaume. Cette seconde ligue s'allie avec la Ligue des Princes sans pour autant se confondre totalement avec son programme.

Henri III doit se plier aux exigences du parti ultra-catholique, avec une vaine tentative de se mettre à sa tête : c'est l'édit de l'Union, le 28 mars 1585. La conséquence est une série de mesures qui déclarent en quelque sorte la guerre totale aux protestants : l'édit de Nemours (15 juillet 1585) qui casse les édits antérieurs, la saisie des biens des réformés (26 avril 1586)… La huitième guerre de Religion débute, aussi nommée guerre des Trois Henri (III, III de Navarre et de Guise). La journée des barricades à Paris (12 mai 1588), durant laquelle Catherine de Médicis est dans les rues de Paris, montre bien jusqu'à quel point le roi est affaibli : le roi pour les Parisiens, c'est le duc de Guise. Henri III est complétement débordé et fuit un temps pour Chartres. Il choisit alors une solution radicale : décapiter le parti, par l'assassinat des Guise, le 23 pour le duc et le 24 décembre 1588 pour le cardinal, lors des états généraux du royaume à Blois. Le journal de Pierre de l'Estoile témoigne de l'émotion à la nouvelle des meurtres des deux frères. Tel est donc l'état de royaume quand Catherine tombe malade.

Un article récent et très détaillé de Caroline zum Kolk et Jacqueline Vons permet de suivre précisément les « maladie, mort et funérailles de Catherine de Médicis » en s'appuyant sur des sources laissées par des témoins directs, offrant ainsi la possibilité de s'extraire du romanesque parfois rencontré dans certains écrits. Ces deux chercheuses commencent tout d'abord par rappeler, la longévité remarquable de la reine en comparaison des celles des membres de la famille royale (son mari, ses enfants) et surtout des reines avant elle. L'espérance de vie des reines de France, entre le VIIIe siècle et le XVe siècle, se situe autour de 45 ans. Et le XVIe siècle compte de surcroît des morts prématurées, comme celle de Claude de France qui meurt à 25 ans, ou bien sa mère, Anne de Bretagne, à 28 ans. Catherine de Médicis, à 69 ans et 9 mois, représente ainsi une « exception notable ». On la pense presque immortelle tant elle a largement dépassé les habitudes du temps.

Elle a longtemps été en bonne santé, même si les sources montrent qu'elle est plutôt en surpoids. Il faut dire qu'elle aimait particulièrement manger et adorait les confitures. Elle avait des accès de goutte assez réguliers, mais l'ambassadeur vénitien Giovanni Mocenigo écrit après l'autopsie de son corps que celui-ci, « a été trouvé en bon état et qu'elle était en si bonne santé que si, par la volonté divine, elle avait été épargnée par la pleurésie qui a causé sa mort, on croit qu'elle aurait vécu encore de nombreuses années ».

On s'accorde donc à dire qu'elle est une force de la nature. D'ailleurs, même avec un certain âge et de l'embonpoint, elle ne manque pas de pratiquer des exercices réguliers.

Toutefois, en décembre 1588, l'ambassadeur Mocenigo rapporte que Catherine de Médicis est malade. Caroline zum Kolk et Jacqueline Vons estiment que les sources permettent d'établir le début de cette maladie autour du 10 décembre. Henri III informe au même moment les différents ambassadeurs de l'état de santé de sa mère, notamment l'ambassadeur de France à Rome, et prétend qu'elle se porte au mieux :

> Vous pourrez ouïr parler de quelque indisposition, qu'a eue la reine madame et mère, de fièvre et de rhume qui m'a tenu un peu en peine, mais elle est à présent, Dieu merci, garantie de danger et espère que dans peu de jour elle sera du tout guérie.

Mais Catherine de Médicis reste alitée et l'est encore quand Henri III lui apprend le 23 décembre que le duc de Guise a été mis à mort. Certains témoignages évoquent le silence de la reine mère, d'autres une forte inquiétude, d'autres enfin et particulièrement après l'annonce du second assassinat, qu'elle est complice de tout cela. En réalité, elle semble plutôt impuissante face aux affaires du royaume, alors qu'elle a jusqu'à présent toujours tenté de neutraliser les plus fortes oppositions pour pacifier la situation. Henri III oscille constamment entre un rapprochement avec les protestants ou, au contraire, avec les catholiques, provoquant finalement un rejet général. Sa politique n'est pas très claire, et sa mère sent que la situation lui échappe, d'autant plus qu'elle est alitée et dans l'incapacité de faire ce qu'elle fait depuis des années : tirer les ficelles d'une politique particulièrement complexe.

Elle semble aller un peu mieux à la fin de l'année et se rend même à la messe du 1er janvier 1589 même si elle n'a pas le droit de quitter son lit. À la suite de ce déplacement, une forte fièvre se déclare brusquement dans la nuit du 4 au 5 janvier et dans la matinée, les médecins ne peuvent que constater l'aggravation de son état. Une attaque d'apoplexie l'affaiblit encore, elle demande à se confesser et reçoit les derniers sacrements.

L'humaniste Étienne Pasquier revient sur un fait qui alimente l'une des nombreuses légendes qui entourent la reine mère, y compris dans sa propre mort :

> Elle ajoutait grande foi aux devins, et comme quelqu'un lui avait dit autrefois que pour vivre longtemps elle se devait donner garde d'un Saint-Germain, surtout elle ne voulait pas aller à Saint-Germain-en-Laye, craignant d'y rencontrer la mort ; et même pour demeurer au Louvre, paroisse de Saint-Germain l'Auxerrois, avait fait bâtir son palais à la paroisse Saint-Eustache où elle faisait sa demeure : enfin, Dieu voulut qu'en mourant elle fût logée non à Saint-Germain, (mais) eut pour consolateur, Monsieur de Saint-Germain, premier confesseur du roi.

Caroline zum Kolk et Jacqueline Vons notent qu'aucun Monsieur de Saint-Germain ne figure dans les états de maison d'Henri III, Pasquier commet ici une erreur mais la légende veut qu'elle ait été confessée par un Monsieur de Saint-Germain et qu'elle soit morte peu après. La prophétie s'est donc réalisée. Elle rédige vraisemblablement son testament avant midi, mais elle est trop faible pour pouvoir le signer. Ce n'est pas un problème, puisque les témoins sont présents pour attester la légalité de cet acte. Les dispositions prises à l'égard de ses proches et de ses serviteurs expriment ses préférences. Elle lègue, en effet, la plus grande partie de ses biens non pas à sa fille Marguerite ou bien au roi, mais à sa petite-fille, Christine de Lorraine.

Les sources ne sont pas toujours concordantes quant au moment exact de sa mort : vers 12 h 30,

13 heures, 19 heures ; en tout cas, elle meurt dans l'après-midi ou au début de soirée du 5 janvier 1589. Et comme à chaque mort de prince, de princesse, de roi ou de reine, les soupçons d'empoisonnement ne manquent pas d'apparaître, d'autant que la reine Louise de Lorraine et le cardinal de Bourbon sont également malades. Pour ses adversaires, Catherine de Médicis est morte, dit-on, « étouffée par le poison mortel qu'elle nourrissait depuis si longtemps en son sein ». Mais le roi n'accorde aucun crédit à ces rumeurs et décrit la mort de sa mère au marquis de Pisani dans une lettre qu'il rédige quelques jours plus tard, le 19 janvier :

> Je laisserai ce propos des affaires publiques de mon royaume pour vous dire l'affliction particulière de laquelle il a plu à Dieu me visiter par la perte que j'ai faite de la feue reine, ma dame et mère, qui passa à plus heureuse vie le quatrième de ce mois après une maladie de fièvres et d'une grande défluxion dans l'estomac qui lui a duré quinze ou seize jours, s'y étant encore sur la fin ajouté une pleurésie.

Après la mort, les médecins procèdent à l'habituelle autopsie. Deux médecins assistent personnellement au décès de la reine : Philippe Cavriani et le chirurgien Guillaume de la Noue. « Cavriani est sans doute témoin de l'ouverture du corps, mais c'est le chirurgien qui l'a saignée le matin même qui vraisemblablement embaume la reine après l'avoir très probablement ouverte », expliquent Caroline zum Kolk et Jacqueline Vons. La procédure est succinctement évoquée dans les sources. « Le corps de son altesse a été ouvert puis refermé et embaumé », rapporte l'ambassadeur de Venise le 12 janvier. Rien n'est spécifiquement prévu, car il ne s'agit pas d'un rapport d'expertise légale tel qu'on peut l'imaginer comme de nos jours ; bien sûr la procédure d'embaumement est ancienne et évoquée dans de nombreux manuels et traités de médecine rédigés par des médecins ou des chirurgiens. On y décrit les gestes ou encore les ingrédients des baumes qui peuvent être utilisés.

Le corps de la défunte est préparé selon deux techniques qui ont alors cours : un embaumement interne et un embaument externe. Dans la première phase, l'ouverture du cadavre permet d'y inclure des substances pour le conserver. Ensuite, vient l'étape de l'embaumement externe qui consiste à enduire le corps d'onguents (baume du Pérou par exemple) puis à le ficeler dans une toile avant de l'enfermer dans un cercueil de plomb lui-même placé dans un cercueil de bois. La dépouille de Catherine de Médicis a sans nul doute subi ce type de traitement mais il faut noter quelques spécificités liées à son statut et à son décès. Pour une reine mère, les organes récupérés au moment de l'éviscération font souvent l'objet d'un traitement spécifique afin de les conserver. Ils deviennent alors des reliques. Son cœur a ainsi été embaumé et placé dans une urne. La mort de Catherine de Médicis ne résultant pas d'un accident violent, comme cela avait été le cas de son époux par exemple, il n'est pas utile de noter les lésions. Contrairement à Henri II ou à son fils Charles IX, aucun rapport écrit ne permet de savoir ce qui a été fait ni de connaître les causes exactes de sa mort. Philippe Cavriani écrit néanmoins une lettre le 6 janvier qui permet de suivre les causes du décès. « Le premier signe de la maladie » est « une douleur latérale » qui est, en l'état de la connaissance médicale, signe « d'une inflammation de la plèvre, accompagnée de toux et de crachats. L'inflammation se serait ensuite étendue dans les tissus pulmonaires et cause de la maladie dite péripneumonie. Le médecin précise dans la même lettre que la matière purulente est sans doute remontée au cerveau, ce qui aurait provoqué l'apoplexie ». L'exposition au froid le 1er janvier, alors que la reine avait décidé de quitter son lit, a sans doute considérablement aggravé son état déjà bien affaibli et l'accident cérébral expliquerait peut-être pourquoi elle n'a pas signé son testament le matin même de sa mort.

Ces préparatifs du corps terminés, il est possible d'envisager les funérailles de Catherine de Médicis. Avec les entrées royales ou le sacre, les funérailles des rois sont des cérémonies centrales d'expression du pouvoir monarchique. Dans le cas des reines qui, en France, ne sont pas amenées à régner, la charge symbolique est moins forte tout en restant considérable dans la mesure où elles sont souvent femmes de roi défunt ou encore vivant ou, comme c'est le cas pour Catherine de Médicis, mère du monarque. Les enterrements royaux sont très codifiés, c'est celui de Philippe Auguste en 1223 qui en institue le rituel, même si celui-ci se développe de plus en plus au fil des siècles. Pour les reines, les étapes sont sensiblement identiques et cela commence tout d'abord par l'exposition du corps ainsi que de l'effigie en cire. Les dames et demoiselles donneurs se doivent de veiller et de ne jamais quitter la défunte. Vient ensuite le moment de l'entrée royale à Paris jusqu'à Notre-Dame où a lieu la messe mortuaire. Le corps de la reine est enfin enterré à Saint-Denis. Les insignes de son pouvoir reçus au moment de son sacre – la main de justice, le sceptre, la couronne – sont déposés sur son cercueil.

Le protocole doit donc être appliqué à la lettre pour l'enterrement de Catherine de Médicis, ce qui ne pose pas de problème au moment de l'exposition du corps qui a lieu pendant quarante jours. Le protocole funéraire est plus difficile à mettre en œuvre pour sa dernière entrée royale : Paris reste inaccessible même pour sa dépouille tant la ville est sous tension et aux mains des Ligueurs qui la jugent responsable des assassinats des Guise. C'est donc dans l'église Saint-Sauveur de Blois qu'a lieu la messe d'enterrement, en présence de son fils et de son épouse, qui écoutent avec le reste de l'assistance l'oraison funèbre de l'archevêque de Bourges, Renaud de Beaume. La rumeur court, selon Étienne Pasquier, que

> n'ayant pas été bien embaumée (car la ville de Blois n'est pourvue de drogues et épices pour cet effet), quelques jours après, commençant de mal sentir, [...] on a été contraint de l'enterrer en pleine nuit, non dans une voûte, pour n'y en avoir aucune, ains [mais] en pleine terre tout ainsi que le moindre de nous tous ; et mêmement en un lieu de l'église où il n'a aucune apparence qu'elle soit.

Odeur nauséabonde effective ou rumeur pour dénigrer même dans la mort Catherine de Médicis, elle est en effet enterrée à Blois. Sans doute Henri III espère-t-il que dans un temps pas trop éloigné il pourra faire revenir la dépouille de sa mère, comme il se doit, à Saint-Denis. Il est assassiné au mois d'août suivant et elle y restera plus de vingt ans. Le transfert du corps de Catherine de Médicis a lieu à la demande de Diane de France, le premier enfant naturel qu'Henri II a eu avec Filippa Ducci. En avril 1609, la dépouille repose enfin dans le tombeau que Catherine de Médicis a fait jadis construire à Saint-Denis. Aujourd'hui, après divers transferts au XVIIIe siècle, elle se trouve depuis 1817 dans l'ancien caveau de Turenne.

RUMEURS ET « LÉGENDE NOIRE »

Dans la mort même, Catherine de Médicis a été détestée par certains et, tout au long de son existence déjà, elle a dû faire face à des suspicions, à des rumeurs qui visaient à la discréditer, parfois même à l'évincer. Le monde qui est le sien est, il est vrai, fortement misogyne et, italienne de naissance, elle a dû composer aussi avec un anti-italianisme, voire une xénophobie, constants. Un pamphlet anonyme qui paraît en 1575, fortement opposé à la reine mère, *Le Discours merveilleux de la vie, actions et deportemens de*

Catherine de Médicis, Royne-mère, synthétise ces deux éléments en l'associant à une autre figure royale, celle de Brunehilde (547-613), reine dans l'Espagne wisigothique devenue reine franque :

> Brunehault estait Espagnole de nation, Catherine est italienne et Florentine, toutes deux estrangeres, qui n'ont point de naturelle affection envers le Roiaume. Or l'Italien trompe l'Espagnol, et le Florentin tout autre Italien. Ceste-là estait fille d'Achanagede Roy d'Espagne, dont elle devoit par raison aimer les grans, ceste-cy est fille de Laurens de Médicis d'une maison de marchans accreuë par usures, qui ne peut aimer la noblesse, et n'a jamais tasché qu'à l'exterminer.

Sa présence au cœur du pouvoir la transforme aisément en une cible privilégiée pour de nombreux détracteurs et pour les ennemis qu'elle ne manque pas de se faire tout au long de sa vie.

Les rumeurs ont un rôle important dans l'univers social du temps, à la fois parmi le peuple, où elles créent souvent des agitations, des révoltes ou des peurs (comme dans le cas de rumeurs de contagion) et également parmi les élites où elles font et défont rapidement des réputations. L'une des rumeurs qui touchent Catherine de Médicis peu après son arrivée en France est celle de l'empoisonnement de son beau-frère, le dauphin, en août 1536. Rappelons-le, après avoir bu un verre d'eau glacée, celui-ci est pris de fortes fièvres et décède quelques jours plus tard. Comment expliquer que ce jeune homme, si fort, promis au trône de France, se soit écroulé après avoir bu un simple verre d'eau ? L'idée de la mort du dauphin est impensable, d'autant plus de cette façon, si inexplicable. L'empoisonnement est aussitôt envisagé. L'enquête est menée pour savoir qui lui a servi le verre d'eau : c'est un comte italien, Sebastiano de Montecuculli. Derrière cet homme deux personnes sont visés : Charles Quint (il aurait été à son service) et Catherine de Médicis (qui l'aurait amené avec elle à la cour). Les pires rumeurs circulent et le porteur d'eau est jeté en prison avant d'être démembré à Lyon. Mais les soupçons se répandent vite et certains accusent Catherine de Médicis d'être la vraie commanditaire de l'affaire (la cour de Charles Quint se charge de répandre des informations en ce sens) : le décès de François fait d'elle la femme du dauphin Henri. L'autopsie conclut à une mort naturelle mais l'image d'empoisonneuse colle à la peau de Catherine de Médicis, même si François Ier n'a jamais cru à cette histoire.

Une autre rumeur d'empoisonnement a court au moment de la mort de François de Coligny, seigneur d'Andelot, frère de l'amiral de Coligny. Il décède le

27 mai 1569, à Saintes. Dans une lettre du cardinal de Châtillon, le frère du défunt, à l'électeur palatin Frédéric III, on apprend ainsi que

> M. d'Angelot, par la machination des papistes, voire des plus grands, a été empoisonné, comme il est apparent, tant par l'anatomie qui a esté faite de son corps après sa mort que aussi par le propos d'un Italien qui s'est vanté, devant ladite mort, à plusieurs, tant à Paris qu'à la cour, d'avoir donné le poison et demandé récompense d'un si généreux acte.

L'Italien qui se targue d'avoir empoisonné d'Andelot fait évidemment penser à Catherine de Médicis. Une fois encore, l'empoisonneuse aurait frappé, d'autant qu'elle écrit elle-même une missive à l'ambassadeur de Madrid, Raymond de Fourquevaux, qui indique qu'elle n'est pas vraiment affligée de cette disparition : « La nouvelle de la mort d'Andelot nous a fort resjouys [...] J'espère que Dieu fera aux autres, à la fin, recevoir le traitement qu'ils méritent. » Andelot a peu de poids politique contrairement à autre frère, Gaspard de Coligny, mais la rumeur est là, et toute mort un peu brutale d'un potentiel ennemi de la reine mère sert à montrer sa perfidie et son statut d'empoisonneuse.

Cette réputation se joint, à la suite de la Conjuration d'Amboise de 1560, à une autre rumeur au fondement de la « légende noire » de la reine : Catherine de Médicis aime se repaître de la mort violente de ses ennemis alors que, comme l'écrit le protestant Agrippa d'Aubigné « les murs de la ville d'Ambroise se virent garnis de pendus, la rivière demi-pleine de noyez ». Cette violence est telle pour les contemporains qu'elle est mise en image par des gravures du temps, comme *L'Exécution d'Amboise faite le 15 mars 1560* qui montre pendus et cadavres, tels des martyrs collectivement assemblés, mais aussi la cour qui observe la mise à mort des insurgés. Ces images donnent un écho considérable à cet événement et l'image de Catherine de Médicis apparaît en filigrane derrière ces actes. Pourtant certains contemporains, tel Théodore de Bèze, indiquent que la clémence de la reine doit être reconnue, et le diplomate Michel de Castelnau cité par Jean-François Solnon affirme : « il est certain qu'elle adoucît beaucoup l'exécution qui devait se faire contre les conjurés, lesquels sa majesté pour son avis, en fit délivrer et renvoyer en grand nombre ».

La réalité violente de l'époque, celle de la cour mais surtout celle des guerres de Religion, est propice à l'émergence les rumeurs autour de Catherine de Médicis. Pour ses détracteurs – et ils sont nombreux –, elle devient facilement une femme qui profite de la faiblesse ou de la minorité de ses fils pour accaparer le pouvoir à ses propres fins. Une épouse et une mère qui traverse les nombreux décès qui l'entoure, celui de son mari, de ses fils et filles, sans sourciller. Dans le jeu des pouvoirs de ce temps, cette critique n'a rien d'étonnant quand on voit combien cette veuve a cristallisé les critiques mais c'est cette même femme qui écrit à sa fille Élisabeth, en janvier 1561 : « Dieu m'a laissée avec trois enfants petits et un royaume tout divisé, n'y ayant aucun à qui je puisse entièrement me fier. »

Tout devient prétexte pour noircir l'image de la reine, y compris parfois sur des aspects de son existence qui peuvent paraître anecdotiques et ne pas prêter le flanc à la critique. Tel est, par exemple, le cas de la gastronomie. Son goût pour la nourriture est certifié et elle-même s'astreint à des exercices permettant de lutter contre son embonpoint, comme le notent certains ambassadeurs vénitiens :

> La reine mère aime fort les commodités de la vie ; elle est désordonnée dans sa manière de vivre et elle mange beaucoup ; mais après cela elle cherche des remèdes dans les grands exercices corporels. Elle marche, elle monte à cheval, elle ne reste jamais en place.

Certains ont longtemps affirmé qu'elle a ramené de Florence, en 1533, le goût pour les légumes, pour les sauces et que ses cuisiniers auraient enrichi la cuisine française par l'usage de certains ingrédients, notamment l'artichaut, le haricot ou le brocoli. La pâtisserie, à en croire une certaine littérature, devrait également beaucoup aux artisans florentins, maîtres dans l'art de confectionner les confitures, dont la reine raffole, tout comme le nougat, ou encore la frangipane qui lui avait été confiée, dit-on, par le comte Cesare Frangipani. Elle serait également l'importatrice des fameuses glaces italiennes. Son goût pour la bonne chère jusqu'à l'excès apparaît chez un auteur qui ne lui est pas favorable, Pierre de l'Estoile, qui relate qu'à l'occasion du mariage entre le marquis de Loménie et mademoiselle de Martigues en 1575 : « La Roine-Mere mangea tant qu'elle cuida crever, et fust malade au double de son desvoiement. On disoit que cestoit d'avoir trop mangé de culs d'artichaux et de crestes et rongnons de coq, dont elle estoit fort friande. » L'anecdote se transforme en une satire contre Catherine de Médicis qui se goinfre et offre une porte d'entrée vers une critique des moralistes qui y voient la marque de la gourmandise et de la débauche. La nourriture devient ainsi une raison de dénigrer Catherine de Médicis. Pascal Brioist et

Florent Quellier, tout comme Loïc Biensassis et Antonella Campanini, dans l'ouvrage sur *La Table à la Renaissance*, citent l'*Encyclopédie*, grande œuvre du XVIIIe siècle, pour montrer l'importance de ce que l'on peut nommer le « mythe italien » de la gastronomie française. L'article « Cuisine », rédigé par le protestant Louis de Jaucourt (1704-1780), permet de saisir la légende qui naît à cette époque, de l'influence de l'Italie sur la cuisine française et du rôle important qu'a joué Catherine de Médicis dans cette italianisation supposée des mets et pratiques de la table :

> Les Italiens ont hérité les premiers des débris de la cuisine romaine. Ce sont eux qui ont fait connaître aux Français la bonne chère, dont plusieurs de nos rois ont tenté de réprimer l'excès par des édits. Mais enfin elle triompha des lois sous le règne d'Henri II. Alors, les cuisiniers d'au-delà les monts vinrent s'établir en France et c'est une des moindres obligations que nous ayons à cette foule d'Italiens corrompus qui servirent à la cour de Catherine de Médicis.

Cela se retrouve encore dans l'article « Assaisonnement », sans doute rédigé par Diderot, qui assimile les « habiles cuisiniers », qui font partie des « foules d'Italiens voluptueux qui suivirent à la cour Catherine de Médicis », à des « chimistes domestiques [qui] travaillent sans cesse à nous empoisonner ». Jaucourt ou Diderot cherchent sans doute moins à discréditer la reine mère que les plaisirs de la table en général mais cette vision est reprise par un certain nombre d'ouvrages aux XVIIIe et XIXe siècles qui ne parviennent pas à dissocier « les Italiens » et l'Italienne Catherine. Ainsi, dans le *Dictionnaire raisonné universel des arts et des métiers*, l'abbé Jaubert indique à l'article « Cuisinier » :

> Nous tenons des Italiens, et surtout de ceux qui servaient à la cour de Catherine de Médicis, cet art sur lequel il semble que nous ayons encore raffiné et qui est quelquefois si nuisible à la santé.

Au XIXe siècle, ce point de vue est communément admis et Catherine de Médicis est toujours présentée comme responsable de l'importation de la gastronomie italienne en France. Dans son *Histoire de la réforme, de la Ligue et du règne d'Henri IV*, paru en 1844, Jean-Baptiste Capefigue (1801-1872), journaliste et historien, n'hésite pas à écrire :

> À la cour de Catherine de Médicis, ce n'étaient que dissertations « sur la dilection des nuicts où l'espousée s'en va du lict marital aux bras de son amant. » C'était le règne de François Ier, avec plus de licence encore et sans ce vernis de galanterie qui excusait les emportemens de la passion. On usait sa vie en bals, mascarades, noëls de nuit, astrologie, pompes parfumées, jours gras, duels de sang, tables accablées sous le poids des

> mets délicatement préparés par des cuisiniers italiens, tant aimés de Catherine de Médicis, et dans ces fêtes il y avait amusements, dires bizarres, où le roi Charles IX pariait avec M. de Chaulnes « de baiser son pied d'ici à trois ans ».

On glisse de la table à la fête, tout se mêle pour montrer les plaisirs de cette cour où la débauche n'est évidemment pas loin. Tous les écrits du temps ne fustigent pas « les cuisiniers italiens » et celle qui les avait emmenés en France, c'est en cela une nouveauté. Ainsi, Grimod de La Reynière (1758-1838) confère toujours à Catherine de Médicis une place centrale dans l'introduction de cette cuisine mais avec une tonalité bien plus positive :

> L'art de la gueule, pour nous servir des termes de Montaigne, avait déjà fait de grands progrès en France du temps de Charles IX et il avait été importé par Catherine de Médicis sa mère car il florissait depuis longtemps en Italie où la voix des Médicis, les arts, s'étaient réveillés après un sommeil de quatorze siècles.

La Renaissance est donc aussi gastronomique et elle a son égérie. En 1828, dans *Le Gastronome français*, Catherine de Médicis demeure l'introductrice de cuisiniers réputés et cette acculturation devient l'occasion de louer cette « illustre reine » et le mythe de son rôle bénéfique dans la cuisine française s'ancre définitivement dans l'histoire de la gastronomie. « Mythe italien » car depuis les années 1970, les historiens ont déconstruit cette histoire légendée de l'arrivée en 1533 de cette jeune fille de banquier qui épouse le fils cadet de François Ier et apporte avec elle une révolution culinaire à la France. Comme le résument Pascal Brioist et Florent Quellier : « les historiens de part et d'autre des Alpes peinent à trouver des preuves indiscutables d'une influence des cuisiniers italiens sur la cuisine française d'un long XVIe siècle ». Mais le mythe est constructeur d'une « légende noire », pourvoyeur d'une image écornée et si la gastronomie peut en être l'expression, on imagine la force des critiques qui ont pu fuser dans des domaines comme la politique et l'art de gouverner.

Une véritable haine contre Catherine de Médicis s'exprime chez certains de ses contemporains, notamment par la multiplication des pamphlets, en particulier à partir des années 1570. Le plus acerbe est sans conteste un texte anonyme intitulé *Discours merveilleux de la vie, actions et déportements de Catherine de Médicis*, dont une version est largement diffusée à partir de 1575. Par dérision, il est également titré *La Vie de sainte Catherine, la reine de tous les péchés.*

L'intrigue, la duplicité, la trahison y sont présentées comme ses armes favorites. Elle est dépeinte comme une mère dénaturée qui n'a pas hésité à corrompre ses enfants, néglige leur instruction, les encourage à la passivité, dans le seul but de s'approprier le pouvoir. Le contexte de rédaction de cet ouvrage demeure une clé de lecture importante car il paraît après la Saint-Barthélemy qui stigmatise une forte défiance à l'égard du pouvoir royal et de son entourage, et surtout après la conjuration des Malcontents, complot du printemps 1574 pour libérer Henri de Navarre et François d'Alençon, réputés prisonniers de la cour. À cela, il faut ajouter que le moment est celui d'un changement de règne non encore assuré – Henri III est toujours en Pologne. De fait, comme l'écrivent Jérémie Foa et Nicolas Vidoni, il s'agit d'« un texte de combat [...] dont le but est de mobiliser, par la plume, catholiques modérés et huguenots pour faire libérer Henri de Navarre et François d'Alençon ». Si l'on suit ce texte, il faut se défaire de cette régente « venue de très bas lieu », dont « la race, les actions des plus proches parents [...] doivent faire attendre de terribles choses d'elle ». La ruse, le mensonge, la trahison, l'ambition personnelle sont ses outils pour parvenir au pouvoir qu'elle ne veut partager avec personne.

Elle est l'incarnation du « tyran ». Face à la multiplication des libelles et pamphlets contre Catherine de Médicis, le Conseil du roi encourage la reine mère à pratiquer une censure afin d'éteindre les rumeurs les plus folles car force est de constater que cette littérature est fort populaire au sein du royaume et également à l'extérieur puisque des éditions anglaise et allemande paraissent dès 1575.

Évidemment, un événement fort des guerres de Religion revient sans cesse pour montrer la perfidie de la reine : elle a longtemps été rendue seule responsable et instigatrice du massacre de la Saint-Barthélemy. Ce massacre a lieu dans le contexte particulier du mariage d'une des filles de France, Marguerite de Valois, avec le chef des huguenots, Henri III de Navarre. Elle est catholique, lui protestant, leur union est donc contre nature pour le temps mais Catherine de Médicis espère qu'elle scellera la paix entre les deux camps. Parmi les invités du jeune fiancé, on compte son entourage protestant et les principaux chefs huguenots et la légende noire voudrait que la reine ait profité des festivités pour les supprimer tous. L'action se déroule en plusieurs temps. Celui, tout d'abord, de la cérémonie du mariage qui a lieu sur le parvis de Notre-Dame et de la fête, le 18 août, puis l'attentat contre l'amiral de Coligny, le

22 août. Et, enfin, le massacre des chefs huguenots et de la population réformée parisienne, à partir de la nuit du 23 au 24 août. D'autres massacres ont lieu lors de ce que les historiens nomment « la saison des massacres de la Saint-Barthélemy », car après la tuerie parisienne, le carnage se poursuit jusqu'en octobre 1572, faisant des dizaines de milliers de morts protestants dans plusieurs villes de France. Au cœur du dispositif exterminateur dans cette légende noire de Catherine de Médicis, la reine est responsable de tout, trouvant enfin un moyen de réaliser son désir ancien de supprimer les huguenots, d'accroître les troubles et de ruiner la France. Tous les ressorts du machiavélisme sont réunis. Supprimer l'amiral de Coligny permettait pour certains de mettre fin à son emprise sur le roi, pour d'autres d'éviter une intervention française au Pays-Bas ; l'échec de l'attentat aurait convaincu la reine mère de la nécessité d'un massacre général des chefs protestants présents à Paris avant qu'ils ne cherchent à se venger.

L'enquête historique a montré que les lieux de l'embuscade étaient une maison louée à un prêtre, l'ancien précepteur du duc de Guise. Les Lorrains ne sont certainement pas étrangers à l'attentat et Catherine de Médicis enrage de voir la paix qu'elle envisageait avec les protestants compromise. On sait aussi que Paris était alors, dans cet été caniculaire de 1572, en proie à des tensions sociales extrêmes et que les prédicateurs catholiques haranguaient la foule et l'incitaient à mettre fin à la présence protestante dans les murs de la cité. Les chefs protestants se rassemblent et demandent justice : Charles IX ne sait pas s'il doit les défendre ou les laisser se faire massacrer. Mais les sources manquent pour savoir exactement le déroulement des heures qui séparent cette hésitation du déferlement de violence qui suit. Peut-être le roi et sa mère se sont-ils résignés à l'assaut des Guise contre les principaux compagnons de Coligny mais ils sont loin d'imaginer le massacre qui l'accompagne jusqu'au 29 août. En cinq jours, deux à quatre mille protestants sont exécutés dans Paris. Dans ce moment dramatique, Charles IX a une attitude plus qu'ambiguë : il donne l'ordre d'arrêter les exactions – sans aucun résultat – et, simultanément, il déclare qu'il en est le responsable devant le Parlement de Paris le 26 août, car il a souhaité protéger le pays d'un complot de Coligny, explique-t-il. Et il ordonne de faire cesser les violences. Sans plus de résultats. Aujourd'hui, les historiens reconnaissent qu'il s'agit d'un moment sans doute trop dramatique et complexe pour imaginer que Catherine de Médicis l'ait fomenté seule et que cet engrenage de violences populaires n'a pu être pensé par le pouvoir central. Mais pour les réformés, elle demeure au centre de tout, d'autant plus que se développent les premiers écrits des monarchomaques, des libellistes dont l'objectif est de montrer les dérives du pouvoir absolu et la légitimité à mettre fin au pouvoir d'un tyran, y compris en envisageant le tyrannicide.

Les pires atrocités sont ainsi attribuées à Catherine de Médicis : la violence, la ruse politique, les complots, les rumeurs, les empoisonnements, les assassinats, les massacres… La « légende noire » s'exprime d'ailleurs aussi en images et notamment par la peinture, avec l'exemple d'un tableau, intitulé sobrement *Massacre de la Saint-Barthélemy*, réalisé par le peintre protestant François Dubois (1529-1584) qui, comme un certain nombre de huguenots, a fui à Genève après l'événement. Réalisé peu de temps après les faits – sans doute vers 1575 – il est aujourd'hui présent dans de nombreux manuels d'histoire de l'enseignement français. Dans un Paris imaginaire en proie à une violence qui irrigue tout l'espace, les corps sont partout violentés : pendus, transpercés, traînés, battus. Femmes, enfants, vieillards, personne n'est épargné par les soldats ou les civils. Coligny apparaît également, prêt à être défenestré ou au sol, déjà mort et décapité, bientôt émasculé.

Plusieurs temps, plusieurs lieux s'entremêlent pour ajouter une surenchère de violence et de traits sanglants dans une Seine jonchée de cadavres. Catherine de Médicis apparaît devant le Louvre, robe noire et voile sur la tête avec, à ses pieds, un entassement de corps dénudés, symbole qui condense les meurtres dont elle est rendue responsable. David El Kenz mentionne ici une inversion de la référence biblique de la Vierge de miséricorde qui protège l'humanité par « son manteau blanc et bleu ». Catherine, elle, donne la mort.

Dans cette entreprise néfaste, la rumeur veut qu'elle dispose de soutien. Le pamphlet *Discours merveilleux de la vie, actions et déportements de Catherine de Médicis* insiste sur la participation de son entourage et comme l'écrit Jean-François Solnon, les « Birague, Strozzi, Gonzague, Gondi et autres Sardini, étaient ses complices, pilleurs du Trésor public, exécuteurs de ses basses œuvres, fossoyeurs de l'État, diaboliques, fourbes, sodomites et sangsues du peuple ». L'anti-italianisme s'exprime de manière décomplexée pour servir la légende noire de Catherine de Médicis.

Parmi ses appuis, il faut compter aussi « l'escadron volant », expression du XIXe siècle qui sert à désigner ce que l'on croit voir dans son entourage féminin :

ses espionnes, des demoiselles d'honneur aux mœurs parfois légères qui utiliseraient leurs charmes pour ensorceler les ennemis de la reine et obtenir leurs confidences. La réalité historique des fêtes grandioses où des femmes dénudées dansent devant un parterre d'ambassadeurs sert à nourrir la légende noire car Catherine de Médicis impose une rigueur morale exemplaire à ses dames et à ses demoiselles de compagnie. Elle les charge de policer les mœurs de la cour de France en usant de leur esprit, de leur culture et de leur conversation. Il est vrai que cette cour de dames l'accompagne toujours quand elle voyage pour rencontrer des diplomates, des adversaires politiques ou des alliés. Il faut se souvenir de l'importance que la reine mère accorde à la négociation et à l'échange dans toutes ses entreprises, et elle prend soin de s'entourer de jolies femmes pour faciliter l'approche d'adversaires politiques ou simplement pour détendre l'atmosphère avant une discussion, sans qu'il s'agisse pour autant de transformer la cour de France en un lieu de débauche. Quelques fêtes peuvent donner lieu à certains divertissements plus ou moins contrôlés mais on ne trouve nulle part mention d'une demande de Catherine de Médicis à ses demoiselles d'honneur de se prostituer au nom de l'État. Mais certaines plumes acerbes, ou simplement à l'imagination facile, ont fait de ces femmes de la cour des figures peu conformes à la morale chrétienne, pourtant imposée par la reine à son entourage.

CATHERINE : UNE IMAGE, UNE FIGURE HISTORIQUE

L'image de Catherine de Médicis est donc largement écornée dès son vivant. Pourtant, les portraits officiels la représentent sage, presque rigoriste, toujours vêtue de noir et de blanc. Toutefois, au lendemain de son mariage en 1533, sa devise était bien éloignée d'une quelconque noirceur et des tourments de l'âge mur : « Elle porte la lumière et la sérénité. » Elle a alors tout d'une jeune reine qui soigne son apparence et l'ambassadeur vénitien Soranzo note en 1550 qu'elle s'habille « magnifiquement, de sorte que le vêtement qu'elle porte un jour ne le soit plus pendant de nombreux mois ». Isabelle Paresys indique d'ailleurs que « Brantôme, qui fit ses débuts à la cour en 1556, insiste sur les habits superbes et sur l'inventivité de Catherine à cette période. » Le noir est privilégié pour ses robes, le haut des vêtements (les cottes) étant quant à lui autant noir que blanc. « En revanche le vert, que Brantôme dit être sa couleur fétiche jusqu'à son veuvage », est très peu présent. On trouve beaucoup d'or, d'argent, de rouge cramoisi, d'incarnat, de jaune, beaucoup de taffetas aux couleurs changeantes : jaune et bleu, jaune et blanc, jaune et rouge, et tout cela rehausse ses vêtements à chacune de ses apparitions publiques. Ses cottes, ses basquines (des jupons bouffants) et ses jupes sont plus colorées que les robes, sans doute pour jouer avec ce contraste. Tout est fait pour lui assurer une apparence hors normes et elle dépense des sommes considérables pour se vêtir (tout comme son époux).

C'est en arrivant en France que Catherine de Médicis choisit son propre emblème, sans doute sur les conseils de François Ier, l'écharpe d'Iris c'est-à-dire l'arc-en-ciel qui symbolise le retour du soleil après l'orage. L'idée de lumière est toujours centrale. Iris est la messagère des dieux dans la mythologie grecque, représentée sous les traits d'une jeune fille aux ailes brillantes de toutes les couleurs. Comme le souligne Denis Crouzet, « Catherine devenait la messagère dont la venue ne pouvait qu'instaurer la paix ». L'iris est aussi une fleur à la force bénéfique, décrite par des auteurs comme Ronsard dans l'*Hymne du printemps*.

Ce blason est peint en plusieurs endroits, notamment sur les poutres d'une salle du château d'Écouen. Avec le temps et les épreuves, sa devise devient « Au-dessus de l'épreuve, l'espoir. » On le comprend quand on songe à l'importance des disparitions de proches dans sa vie et, de fait, dans la construction de son image. À la mort de son mari, son emblème devient une lance brisée, entourée de la devise « De là, viennent mes larmes et ma douleur. » Dans la cour Marly du Louvre, des miroirs sont cassés, des plumes fendues, pour renforcer l'image d'une femme brisée par le chagrin d'avoir perdu son époux.

Abattue, elle n'est pas pour autant inactive et l'image de Pénélope passive que certains contemporains veulent lui attribuer ne lui plaît guère. Elle est une femme d'action et veut l'imposer. Elle recourt à l'image d'Artémise, la veuve de Mausole. L'idée lui est soufflée par Nicolas Houël, ordonnateur des travaux artistiques, qui lui offre en 1562 un manuscrit où il évoque la similitude avec cette veuve antique. Les dessins sont illustrés par le célèbre Antoine Caron. On y voit Catherine Artémise enterrant avec grandeur son époux, éduquant son fils, gouvernant le royaume et faisant bâtir un mausolée. On y lit aussi l'épisode de l'absorption des cendres de Mausole mélangées à de l'eau par Artémise, pour signifier que le roi vit toujours en elle. De fait, sa devise évolue encore et devient « Bien que la flamme soit éteinte, les cendres vivent toujours. » L'idée est de forger sa puissance sur la mort de son mari qu'elle rappelait et représentait constamment par des habits de deuil qui ne la quittent plus. En cette nouvelle Artémise se poursuit la monarchie, particulièrement mise à mal avec le début des guerres de Religion.

La postérité ne retient pas forcément les allégories mouvantes de cette reine, la littérature ayant pendant longtemps mis l'accent sur une légende noire souvent héritée des polémiques de la fin du XVIe siècle. Car les auteurs des XVIIe et XVIIIe siècles continuent à œuvrer contre Catherine de Médicis, tel Voltaire, qui dans son *Essai sur les mœurs et l'esprit des nations* explique :

> La cour de France était [...] un mélange de luxe, d'intrigues, de galanteries, de débauches, de complots, de superstitions et d'athéisme. Catherine de Médicis, nièce du pape Clément VII, avait introduit la vénalité de presque toutes les charges de la Cour, telle qu'elle était à celle du pape. La ressource, utile pour un temps et dangereuse pour toujours, de vendre les revenus de l'État à des partisans qui avançaient l'argent, était encore une invention qu'elle avait apportée d'Italie. La superstition de

l'astrologie judiciaire, des enchantements et des sortilèges était aussi un des fruits de sa patrie transplantée en France.

Alexandre Dumas, dans *La Reine Margot* (1845) fait d'elle un portrait sombre, inquiétant, d'une reine usant d'astrologie, intrigante, empoisonneuse, menteuse…

> Catherine de Médicis était seule, assise près d'une table, le coude appuyé sur un livre d'heures entr'ouvert, et la tête posée sur sa main encore remarquablement belle, grâce au cosmétique que lui fournissait le Florentin René, qui réunissait la double charge de parfumeur et d'empoisonneur de la reine mère.

En une simple description de sa posture tout est dit puisque toutes les attitudes du personnage servent à montrer que le pouvoir ne convient pas aux femmes et inversement.

D'autres rares auteurs ont manifesté un élan de franche admiration, comme Honoré de Balzac dans le roman historique *Catherine de Médicis* qui paraît en 1843. À ses yeux

> Pour qui creuse l'histoire du XVIe siècle, la figure de Catherine de Médicis apparaît comme celle d'un grand roi. Les calomnies une fois dissipées par les faits péniblement retrouvés à travers les contradictions des pamphlets et des fausses anec-

> dotes, tout s'explique à la gloire de cette femme extraordinaire, qui n'eut aucune des faiblesses de son sexe, qui vécut chaste au milieu des amours de la cour la plus galante de l'Europe, et qui sut, malgré sa pénurie d'argent, bâtir d'admirables monuments, comme pour réparer les pertes que causaient les démolitions des calvinistes, qui firent à l'art autant de blessures qu'au corps politique.

Enfin, la culture cinématographique et télévisuelle s'est emparée assez tôt de cette figure historique, insistant, en fonction du temps et du scénario, sur la grandeur ou sur la légende noire du personnage. Évidemment, c'est ce dernier aspect qui a surtout retenu les réalisateurs, et pas simplement en France d'ailleurs. L'historien américain William B. Robison s'est très récemment penché sur le cas de Catherine de Médicis dans un travail sur les « Mauvaises filles et femmes transgressives » où l'on saisit comment la culture artistique, télévisuelle ou cinématographique, n'a pas pris en compte la meilleure connaissance que nous avons aujourd'hui de cette « reine noire ». Bien entendu, les premiers films qui la mettent en scène restent dans l'image négative du personnage, comme celui du réalisateur américain D. W. Griffith qui la représente sous les traits de Josephine Crowel dans le film muet *Intolérance*, sorti en 1916. Quatre séquences historiques s'entrelacent, dont l'une est celle du massacre de la Saint-Barthélemy dans laquelle on voit la violence des deux camps ainsi que Catherine de Médicis en train de convaincre son fils, hésitant, d'ordonner la tuerie dont elle se réjouit. La même actrice reprend le rôle de la reine mère dans un autre film muet américain de Frank Lloyd, sorti en 1923, *Cendres de vengeance* (*Ashes of Vengeance*). L'histoire principale se situe après la Saint-Barthélemy, lorsque le huguenot Rupert de Vrieac tombe amoureux de l'aristocrate catholique Yolande de Breux : il la sauve des machinations du méchant duc de Tours et dans cette histoire romanesque, Catherine est à nouveau à l'origine du massacre.

Quelques années plus tard, en France, Jean Renoir dans *Le Tournoi dans la cité* (1928), met en scène des conflits amoureux entre jeunes nobles, catholiques et protestants, arbitrés par un tournoi voulu par Catherine de Médicis interprétée par l'actrice Blanche Bernis. Ici, la noirceur du personnage est moins stigmatisée même si elle reste organisatrice d'un duel et au centre d'intrigues amoureuses. Sacha Guitry, dans les films *Les Perles de la Couronne* ou *Si Paris nous était conté*, en 1937 et 1956, campe rapidement le personnage à son tour. Jean Dreville lui donne les traits de Françoise Rosay dans sa

Reine Margot de 1954. Le scénario d'Abel Gance s'inspire du roman d'Alexandre Dumas et est donc très dur pour la reine. Une autre actrice a joué deux fois le rôle de Catherine de Médicis, il s'agit d'Alice Sapritch, dans les fictions télévisées *La Reine Margot* de René Lucot, en 1961, et *Catherine de Médicis* d'Yves-André Hubert, en 1989. Plus récemment, Virna Lisi est l'inoubliable reine mère dans *La Reine Margot* de Patrice Chéreau en 1994. Elle y apparaît comme la mère omniprésente d'une famille dépravée : Marguerite est une nymphomane, Charles un enfant malade et un peu fou, Henri tour à tour incestueux et accaparé par ses mignons. Le réalisateur l'écrit lui-même : « C'est l'histoire d'une famille, d'une famille monstrueuse réunie autour d'une mère paradoxale, Catherine de Médicis. Enveloppé de noir, couverte du deuil éternel, elle régente tout. » Plus de deux millions de spectateurs français ont vu ce film. Son personnage est très contrasté en fonction des séquences, même si la diabolisation domine, ce qui est logique car Patrice Chéreau s'est inspiré lui aussi d'Alexandre Dumas. Catherine de Médicis est ainsi présentée comme une médiatrice de paix lorsque, dans la cathédrale Notre-Dame de Paris, elle discute avec Guise et lui dit : « C'est un mauvais jour pour toi, je sais, mais regarde : ils sont tous là, mes catholiques, mes protestants, réunis tous ensemble dans la maison de Dieu ! C'est un symbole ce mariage… ça va tout arranger. » « Une mère paradoxale » comme l'écrit Chéreau, en effet, alors que plus tard dans le film, à l'intérieur de l'appartement de Charles IX, Catherine de Médicis invective le roi, terrorisé à la nouvelle de l'échec de la tentative d'assassinat de Coligny : « Ton père, s'il était ici, saurait ce qu'il faut faire ! Ton père savait qu'on reconnaît un roi au bien et au mal qu'il sait faire ! » Elle devient encore une commanditaire sanguinaire déçue face à l'échec de la mort d'Henri de Navarre : « Je croyais que cette nuit terrible y avait changé quelque chose ! Nous en avons tué six mille et lui, lui il est vivant ! »

Plus récemment encore, Evelina Meghnagi prête ses traits à Catherine de Médicis dans le film de Bertrand Tavernier, *La Princesse de Montpensier*, sorti en 2010. L'histoire la met très peu en scène dans cette fresque amoureuse inspirée du roman de Madame de Lafayette mais les rares instants la décrédibilisent complétement. Ainsi, son fils Henri parle d'elle avant qu'elle n'apparaisse, pour rassurer Marie de Montpensier qui doit avoir une audience avec la reine mère. La phrase prononcée est ironico-comique : « ce n'est pas un ogre, simplement une ogresse ». On la découvre enfin, imposante de rondeurs, toute de noir vêtue, trônant avec à ses pieds un petit chien, des enfants et dames de compagnie. L'audience est en fait un monologue en français mâtiné de fort accent italien durant lequel elle délivre à la jeune Marie une consultation astrologique affirmant que « les astres sont près de Dieu et ils nous délivrent ses messages » et qu'elle sait tout d'elle. C'est donc Catherine la passionnée d'astrologie qui est montrée, la mère dominatrice aussi alors qu'on entend tousser au loin – hors-champ car il ne semble pas compter – le roi Charles IX. Même sans massacre, c'est l'image d'une femme-ogresse qui se livre à l'astrologie divinatoire et commande à son fils de prendre un sirop, que le spectateur retiendra. Comme le dit efficacement William B. Robinson, *bad girls are more fun* (« les mauvaises filles sont plus amusantes ») et la culture populaire cinématographique ou télévisuelle ne parvient pas à sortir d'une légende noire de Catherine de Médicis que la recherche historique a pourtant largement révisée.

À quelques exceptions près, Catherine de Médicis reste dans la culture, populaire et plus érudite, une intrigante despotique, parfois l'incarnation du machiavélisme politique. Ce n'est que dans la seconde moitié du XXe siècle qu'elle est réhabilitée par le travail historique et que sont reconnus ses apports à la France, son pays d'adoption, à la fois sur le plan artistique, culturel mais aussi politique. Son action, gouvernementale notamment, n'est plus entachée d'un besoin dérégulé de mort, à l'exemple de ce qu'expriment trois grands historiens de la période, Jean Delumeau, Thierry Wanegffelen et Bernard Cottret dans *Naissance et affirmation de la Réforme* :

> Catherine de Médicis et ses fils, François II, Charles IX et Henri III, ne combattirent les réformés que par à-coups, et comme à contrecœur, déclarant d'ailleurs toujours punir des sujets rebelles et non s'attaquer à des adversaires confessionnels.

CONCLUSION

Retracer la biographie de Catherine de Médicis mériterait encore bien des pages tant cette femme du XVIe siècle a eu une vie riche et foisonnante. Les vingt-cinq premières années de son existence en Italie puis à la cour de France ont été délicates, car issue d'un milieu de banquiers italiens, elle n'était pas du monde de la vieille noblesse européenne. Accéder ainsi à une famille régnante prestigieuse, celle du royaume de France, n'était donc pas une mince affaire. Certes, elle n'était d'ailleurs pas destinée à régner mais son destin allait prendre des voies qui l'ont placée au plus haut du pouvoir de l'État. Passée sa difficulté à concevoir, elle réussit à s'imposer comme dauphine, femme de roi, mère de monarque et régente du royaume.

Catherine de Médicis occupe une place hors normes pendant près de quarante ans, au-delà de l'échiquier politique de la France. En choisissant de soutenir des projets d'architecture importants, en participant à la création des jardins perçus comme des espaces de rituels monarchiques et courtisans, elle s'empare de pratiques de mécénat qui sont alors traditionnellement réservées aux hommes et aux rois. Les fêtes grandioses, les ballets, les spectacles vivants qui ont lieu à l'intérieur comme à l'extérieur de ces palais de la Renaissance française, donnent à voir une représentation de son idéal politique fait d'harmonie, de beauté et de paix.

C'est d'ailleurs cette paix qu'elle recherche à tout moment à préserver dans son action politique, parcourant le royaume s'il le faut pour y parvenir. Le dialogue, l'échange, le compromis sont les premières intentions de la reine mère, en tant que gouvernante du royaume ou comme simple conseillère de ses fils. Elle poursuit inlassablement un idéal de concorde civile dans un temps marqué par l'intolérance la plus totale entre chrétiens. Cette ligne de conduite ne signifie pas pour autant, de sa part, absence de fermeté et elle sait prendre des décisions quand il le faut, régner dans un royaume qui se déchire et qui n'est pas encore pleinement centralisé autour de son roi. Son action continue, même si elle s'exprime sur différents registres et sur plusieurs décennies, stimule évidemment tout un imaginaire collectif créant une « légende noire », mêlant magie noire, complots, ruse, débauche, poison, assassinats, aujourd'hui largement dépassée par la recherche historique.

Catherine de Médicis a indéniablement marqué son temps car elle a été une mère attentive à former ses enfants à gouverner, une femme d'État, une actrice de la Renaissance qui agissait avec les repères culturels, sociaux et politiques d'un monde chrétien en proie à des doutes et à des crises extrêmes. Elle reste une figure exceptionnelle dans la France du XVIe siècle et un personnage complexe que ni l'adoration ni l'exécration qu'elle a pu susciter ne peuvent résumer.

CHRONOLOGIE

1519

13 avril : naissance de Catherine de Médicis à Florence.

28 avril : Madeleine de la Tour d'Auvergne décède à Florence.

4 mai : Laurent II de Médicis, duc d'Urbino, meurt dans la Villa Medicea di Careggi.

1520

Février : mort d'Alfonsina Orsini, grand-mère de Catherine.

1523

Novembre : le cardinal Jules de Médicis est élu pape sous le nom de Clément VII.

1527
Mai-juin : sac de Rome par les troupes de Charles Quint.
Catherine est prisonnière des républicains florentins.

1530
Août : retour des Médicis au pouvoir à Florence.

1533
27 octobre : mariage de Catherine avec Henri, fils cadet du roi François Ier.

1534
25 septembre : mort de Clément VII.
17 octobre : affaire des Placards.

1536
10 août : mort de François de France, fils aîné de François Ier. Le mari de Catherine, Henri, devient dauphin de France.

1544
19 janvier : naissance du premier fils de Catherine de Médicis, le futur François II, au château de Fontainebleau.

1546
2 avril : naissance d'Élisabeth de Valois à Fontainebleau.

1547
31 mars : le mari de Catherine de Médicis devient Henri II, roi de France.
12 novembre : naissance de Claude de Valois à Fontainebleau.

1548
24 septembre : entrée royale de Catherine de Médicis à Lyon.

1549
3 février : naissance de Louis de Valois à Fontainebleau (il meurt en 1550).
10 juin : Catherine de Médicis est couronnée dans l'abbatiale Saint-Denis.

1550
27 juin : naissance de Charles, futur Charles IX, au château de Saint-Germain en Laye.

1551
19 septembre : naissance d'Alexandre Édouard, futur Henri III, à Fontainebleau.

1553
14 mai : naissance de Marguerite de Valois au château de Saint-Germain en Laye.

1555
18 mars : naissance d'Hercule François de Valois à Château Thierry.

1556
24 juin : naissance des jumelles Jeanne et Victoire de Valois au château de Fontainebleau.

1558
Mai : plusieurs milliers de réformés chantent des psaumes au Pré-aux-Clercs et sont poursuivis par le roi.

1559
20 janvier : Claude de Valois, seconde fille de Catherine de Médicis, épouse Charles III, duc de Lorraine.

22 juin : Élisabeth, fille aînée de Catherine et Henri, épouse Philippe II d'Espagne à Notre-Dame de Paris.

10 juillet : mort accidentelle d'Henri II.

18 septembre : François II est sacré à Reims.

1560

Mars : conjuration d'Amboise.

5 décembre : mort de François II.

13 décembre : ouverture des états généraux d'Orléans.

21 décembre : Catherine de Médicis devient « gouvernante de France », son fils Charles étant encore mineur.

1561

9-21 septembre : colloque de Poissy qui tente, sans succès, de rapprocher catholiques et protestants.

1562

17 janvier : signature de l'édit de Janvier qui accorde la liberté de culte aux protestants.

1er mars : massacre de Wassy, début officiel des guerres de Religion.

1563

19 mars : paix d'Amboise, fin de la première guerre civile.

17 août : proclamation de la majorité de Charles IX.

1564

24 janvier : Début du grand tour de France de Catherine de Médicis et Charles IX.

Février-mars : fêtes somptueuses organisées par Catherine de Médicis dans le parc du château de Fontainebleau où elle séjourne avec son fils pendant son grand tour de France.

Mai : Catherine de Médicis rencontre son gendre Charles III de Lorraine à Bar le Duc. Elle assiste au baptême de son premier petit-enfant, Henri II de Lorraine.

Delorme commence les travaux de construction du Palais des Tuileries sous l'impulsion de Catherine de Médicis.

1565

Juin : Catherine de Médicis retrouve dans le Pays basque sa fille aînée Élisabeth, reine d'Espagne, qu'elle n'a plus vue depuis six ans.

Juin/juillet : entrevue de Bayonne entre la France et l'Espagne.

1566

1er janvier : Catherine de Médicis et Charles IX sont de retour de leur long périple.

1567

Aménagement des jardins des Tuileries.

26-28 septembre : début de la deuxième guerre civile après la surprise de Meaux.

1568

23 mars : paix de Longjumeau, fin de la deuxième guerre civile.

Juin : le chancelier Michel de l'Hospital est écarté du Conseil du roi.

23 août : début de la troisième guerre civile.

1570

8 août : paix de Saint-Germain, fin de la troisième guerre civile.

26 novembre : mariage de Charles IX avec Élisabeth d'Autriche.

1572
18 août : mariage de Marguerite de Valois et d'Henri III de Navarre, chef du parti huguenot.
22 août : attentat contre l'amiral de Coligny.
24 août : massacre de la Saint-Barthélemy. Début de la « saison des Saint-Barthélemy » en France (jusqu'en octobre).
Octobre : Henri d'Anjou, fils de Catherine, élu roi de Pologne.

1573
Juillet : édit de pacification de Boulogne.

1574
Février : début de la quatrième guerre civile avec des prises d'armes en Poitou et en Saintonge.
30 mai : mort de Charles IX à Vincennes.
6 septembre : Henri III revient en France.

1575
13 février : sacre d'Henri III.
21 février : Claude de Lorraine meurt en couches à Nancy.
21 novembre : Catherine de Médicis et François d'Alençon signent une trêve à Champigny.

Début de la construction de l'hôtel de la Reine à Paris.

1576

Mai : édit de pacification de Beaulieu.

5 juin : formation de la Ligue de Péronne.

Décembre : début de la sixième guerre civile.

1577

15 septembre : paix de Bergerac, fin de la sixième guerre civile.

1578

Août : début de la tournée dans le Midi de Catherine de Médicis pour consolider la paix avec notamment la compagnie de sa fille Marguerite de Valois. Elle dure jusqu'en novembre 1579.

1579

29 novembre : début de la septième guerre civile.

1580

26 novembre : paix de Fleix.

1584

10 juin : mort de François d'Anjou, héritier du trône en cas de décès du roi Henri III. Henri de Navarre, protestant, devient le prétendant officiel à la couronne.

Novembre-décembre : formation de la Ligue parisienne, soutenue par Philippe II, roi d'Espagne.

1585

Mars : début de la huitième guerre civile.

Manifeste de la Ligue proclamé à Péronne.

1588

12 mai : « Journée des barricades » où les ligueurs s'opposent à Henri III et soutiennent Henri de Guise.

13 mai : Henri III fuit Paris. Catherine de Médicis et Louise de Lorraine parlementent avec Henri de Guise.

23 décembre : exécution d'Henri de Guise à Blois.

24 décembre : assassinat du cardinal de Guise à Blois.

1589

5 janvier : mort de Catherine de Médicis à Blois.

1er août : Henri III est assassiné par Jacques Clément.

BIBLIOGRAPHIE SÉLECTIVE

Loïc Bienassis, Antonella Campanini, « La reine à la fourchette et autres histoires. Ce que la table française emprunta à l'Italie : analyse critique d'un mythe », *in* Pascal Brioist, Florent Quellier (dir.), *La Table de la Renaissance. Le mythe italien*, Rennes/Tours, Presses universitaires de Rennes/Presses universitaires François-Rabelais, 2018, p. 29-88.

Pascal Brioist, Florent Quellier (dir.), *La Table de la Renaissance. Le mythe italien*, Rennes/Tours, Presses universitaires de Rennes/Presses universitaires François-Rabelais, 2018.

Luisa Capodieci, *Medicaea medaea : art, astres et pouvoir à la cour de Catherine de Médicis*, Genève, Droz, « Travaux d'humanisme et Renaissance », 2011.

Ivan Cloulas, *Catherine de Médicis : le destin d'une reine*, Paris, Tallandier, 2007.

Denis Crouzet, *Le Haut Cœur de Catherine de*

Médicis : une raison politique aux temps de la Saint-Barthélemy, Paris, Albin Michel, « Bibliothèque Albin Michel de l'histoire », 2005.

—, « Catherine de Médicis actrice d'une mutation dans l'imaginaire politique (1578-1579) », *in* Didier Boisson, Yves Krumenacker (dir.), *La Coexistence confessionnelle à l'épreuve : études sur les relations entre protestants et catholiques dans la France moderne*, Lyon, Université Jean Moulin Lyon III, 2009, p. 17-51.

David El Kenz, « La mise en scène médiatique du massacre des huguenots au temps des guerres de Religion : théologie ou politique ? », *Sens Public*, 2006, http://sens-public.org/articles/333/.

Aurore Évain, « Les reines et princesses de France, mécènes, patronnes et protectrices du théâtre au XVIe siècle », *in* Kathleen Wilson-Chevalier (dir.), *Patronnes et Mécènes en France à la Renaissance*, Saint-Étienne, PU de Saint-Étienne, 2007, p. 59-99.

Jérémie Foa, Nicolas Vidoni, *Catherine de Médicis. Un destin plus grand que la prudence*, Paris, Classiques Garnier/Le Figaro/L'Express, 2012.

Sheila Ffolliott, « La reine mécène idéale de la Renaissance : Catherine de Médicis définie par elle-même ou définie par les autres », *in* Kathleen Wilson-Chevalier (dir.), *Patronnes et Mécènes en France à la Renaissance*, Saint-Étienne, PU de Saint-Étienne, 2007, p. 455-466.

Sabine Frommel, « Deux couples et deux stratégies : Marguerite d'Autriche et Octave Farnèse, Catherine de Médicis et Henri II », *in* Sabine Frommel, Juliette Dumas (dir.) (avec la collaboration de R. Tassin), *Bâtir au féminin ?*, Paris, Picard, 2013, p. 151-170.

Guillaume Fonkenell « Catherine de Médicis et les jardins », in *Jardins de châteaux à la Renaissance*, catalogue d'exposition, Paris, Gourcuff Gradenigo, 2014.

Janine Garrisson, *Catherine de Médicis : l'impossible harmonie*, Paris, Payot, « Portraits intimes », 2002.

Matthieu Gellard, *Une reine épistolaire : lettres et pouvoir au temps de Catherine de Médicis*, Paris, Classiques Garnier, « Bibliothèque d'histoire de la Renaissance », 2014.

—, « Négocier avec acharnement. Catherine de Médicis à la veille des guerres civiles », *Les Dossiers du Grihl* [en ligne], 2017.

Jean Hippolyte Mariéjol, *Catherine de Médicis*, Paris, Tallandier, 2005 (1920).

Kerrie-rue Michahelles, « Apprentissage du mécénat et transmission matrilinéaire du pouvoir. Les enseignements de Catherine de Médicis à sa petite-fille Christine de Lorraine. Traduction d'Hélène Quiniou », *in* Kathleen Wilson-Chevalier (dir.), *Patronnes et Mécènes en France à la Renaissance*, Saint-Étienne, PU de Saint-Étienne, 2007, p. 557-576.

Laurent Odde, « Les coulisses du pouvoir : châteaux, jardins et fêtes. Quelques aspects du mécénat (transgressif) de Catherine de Médicis », *in* Kathleen Wilson-Chevalier (dir.), *Patronnes et Mécènes en France à la Renaissance*, Saint-Étienne, PU de Saint-Étienne, 2007, p. 481-510.

Isabelle Paresys, « Vêtir les souverains français à la Renaissance : les garde-robes d'Henri II et de Catherine de Médicis en 1556 et 1557 », *Apparence(s)* [en ligne], 6, 2015.

Jean-Pierre Poirier, *Catherine de Médicis : épouse d'Henri II*, Paris, Pygmalion, « Histoire des rois de France », 2009.

William B. Robison, « Bad Girl, Bad Mother, Bad Queen : Catherine de' Medici in Contemporary Fiction, Film, and History », *in* Julie A. Chappell, Mallory Young (dir.), *Bad Girls and Transgressive*

Women in Popular Television, Fiction, and Film, Londres, Palgrave Macmillan, 2017, p. 159-182.

Marcello Simonetta, *Catherine de Médicis. Histoire secrète d'une querelle de famille*, Paris, Albin Michel, 2020.

Jean-François Solnon, *Catherine de Médicis*, Paris, Perrin, « Tempus », 2009 (2003).

Chantal Turbide, « Catherine de Médicis mécène d'art contemporain : l'hôtel de la Reine et ses collections », *in* Kathleen Wilson-Chevalier (dir.), *Patronnes et Mécènes en France à la Renaissance*, Saint-Étienne, PU de Saint-Étienne, 2007, p. 511-526.

Thierry Wanegffelen, *Catherine de Médicis : le pouvoir au féminin*, Paris, Payot, « Biographies Payot », 2005.

Caroline zum Kolk, « Le mécénat de Catherine de Médicis d'après sa correspondance », *in* Kathleen Wilson-Chevalier (dir.), *Patronnes et Mécènes en France à la Renaissance*, Saint-Étienne, PU de Saint-Étienne, 2007, p. 467-480.

Caroline Zum Kolk, Jacqueline Vons, « Maladie, mort et funérailles de Catherine de Médicis : histoire curieuse d'une reine qui fut enterrée cinq fois

(1588-1817) », *in* Joël Cornette, Anne-Marie Helvétius (dir.), *La Mort des rois, de Sigismond (523) à Louis XIV (1715)*, Presses universitaires de Vincennes, 2017, p. 149-173.

TABLE

DANS LA MÊME SÉRIE

Hitler, par Johann Chapoutot et Christian Ingrao, 2018
De Gaulle, par Bernard Phan, 2019
Le Roi Arthur, par Alban Gautier, 2019
Aimé Césaire, par Véronique Corinus, 2019
César, par Christophe Badel, 2019
Robespierre, par Hervé Leuwers, 2019
Diogène, par Jean-Manuel Roubineau, 2020
Aliénor d'Aquitaine, par Martin Aurell, 2020
François Ier, par Pascal Brioist, 2020
Marc Aurèle, par Véronique Boudon-Millot, 2020
Marie-Antoinette, par Cécile Berly, 2020

Cet ouvrage est le fruit d'une collaboration éditoriale entre La Librairie sonore Frémeaux & Associés et les Presses Universitaires de France.

Une version est disponible chez Frémeaux & Associés en 1 coffret de 4 CDs audio dans la série « Figures de l'Histoire » sous le titre :

Catherine de Médicis, par Céline Borello.

Tous renseignements sur www.fremeaux.com.

Cet ouvrage a été composé par IGS-CP
à L'Isle-d'Espagnac (16)

Imprimé en France
par la Nouvelle Imprimerie Laballery
rue Louis Blériot 58500 Clamecy
janvier 2023 - N° 301314

La Nouvelle Imprimerie Laballery est titulaire de la marque Imprim'Vert®